Juliana Aschwanden-Vilaça

PLANTAS TROPICAIS

Guia prático para o
paisagismo sustentável

ADMINISTRAÇÃO REGIONAL DO SENAC NO ESTADO DE SÃO PAULO

Presidente do Conselho Regional: Abram Szajman
Diretor do Departamento Regional: Luiz Francisco de A. Salgado
Superintendente Universitário e de Desenvolvimento: Luiz Carlos Dourado

EDITORA SENAC SÃO PAULO

Conselho Editorial: Luiz Francisco de A. Salgado
Luiz Carlos Dourado
Darcio Sayad Maia
Lucila Mara Sbrana Sciotti
Luís Américo Tousi Botelho

Gerente/Publisher: Luís Américo Tousi Botelho
Coordenação Editorial: Verônica Pirani de Oliveira
Prospecção: Andreza Fernandes dos Passos de Paula
Dolores Crisci Manzano
Paloma Marques Santos
Administrativo: Marina P. Alves
Comercial: Aldair Novais Pereira
Comunicação e Eventos: Tania Mayumi Doyama Natal

Edição de Texto:
Camila Lins
Vanessa Rodrigues

Preparação de Texto:
Sílvia Almeida

Revisão Técnica:
Allan C. Pscheidt

Coordenação de Revisão de Texto:
Marcelo Nardeli

Revisão de Texto:
Cristine Sakô

Coordenação de Arte:
Antonio Carlos de Angelis

Editoração Eletrônica:
Manuela Ribeiro

Projeto Gráfico, Capa, Ilustrações e Fotografias:
Juliana Aschwanden-Vilaça

Impressão e Acabamento:
Piffer Print

Dados Internacionais de Catalogação na Publicação (CIP)
(Simone M. P. Vieira – CRB 8ª/4771)

Aschwanden-Vilaça, Juliana
 Plantas tropicais: guia prático para o paisagismo sustentável / Juliana Aschwanden-Vilaça. – São Paulo : Editora Senac São Paulo, 2024.

 Bibliografia.
 ISBN 978-85-396-4372-1 (Impresso/2024)
 e-ISBN 978-85-396-4371-4 (ePub/2024)
 e-ISBN 978-85-396-4370-7 (PDF/2024)

 1. Plantas tropicais 2. Paisagismo 3. Jardinagem I. Título.

24-2235s
CDD – 635.9
712
581.709
BISAC ARC008000
GAR006000
GAR027030

Índice para catálogo sistemático:
1. Jardinagem : Plantas tropicais   635.9
2. Paisagismo   712
3. Plantas tropicais   581.709

Proibida a reprodução sem autorização expressa.
Todos os direitos desta edição reservados à
Editora Senac São Paulo
Av. Engenheiro Eusébio Stevaux, 823 – Prédio Editora
Jurubatuba – CEP 04696-000 – São Paulo – SP
Tel. (11) 2187-4450
editora@sp.senac.br
https://www.editorasenacsp.com.br
© Editora Senac São Paulo, 2024

Juliana Aschwanden-Vilaça

PLANTAS TROPICAIS

Guia prático para o
paisagismo sustentável

SUMÁRIO

- Nota do editor, 7
- Prefácio, 9
- Apresentação, 13
- Introdução, 17
- Necessidades, 19
- Esclarecimentos, 35
- Legenda, 55
- Arbustos, 57
- Bromélias, 189
- Herbáceas, 255
- Palmeiras, 465
- Rasteiras, 481
- Suculentas e cactos, 501
- Trepadeiras e escandentes, 537
- Índice temático, 567
- Nomes científicos, 615
- Nomes populares, 623
- Referências, 633

NOTA DO EDITOR

As áreas de paisagismo, jardinagem e arquitetura têm assistido, nos últimos anos, a uma valorização crescente da utilização de plantas nativas nos projetos. A experiência mostra que, quanto mais semelhante ao hábitat natural for um jardim, mais vigoroso e bonito ele será.

Plantas tropicais: guia prático para o paisagismo sustentável se alinha a essas demandas do mercado contemporâneo. As informações preservam o rigor botânico, mas a forma de apresentar as plantas é diferenciada. Em vez de dividi-las conforme suas famílias – um critério técnico-científico –, a autora as organiza com foco em um uso paisagístico que respeite os biomas. Um exemplo desse cuidado está na atenção às plantas exóticas invasoras, pois, mesmo que sejam capazes de cumprir uma função específica, como uma cerca-viva, podem se tornar incontroláveis e impactar outras espécies.

É com essa perspectiva sistêmica que o Senac São Paulo busca incentivar o público em geral a se conectar com o meio ambiente por meio do cultivo sustentável. Voltado a estudantes e profissionais, este guia é uma rica fonte de consulta para que façam o melhor aproveitamento da biodiversidade brasileira, em projetos com estilo, criatividade e responsabilidade ambiental.

PREFÁCIO

Atualmente o paisagismo permeia e articula-se com temas amplos e gerais, como sustentabilidade, infraestrutura verde, urbanismo paisagístico, conservação e recuperação ambiental. O livro *Plantas tropicais: guia prático para o paisagismo sustentável* se alinha ao pensamento contemporâneo que expande a visão restrita de que o papel da vegetação nos projetos é apenas estético. A utilização da vegetação em projetos paisagísticos, principalmente no contexto urbano, permite considerá-la parte fundamental de um sistema, e sua correta utilização pode influenciar a qualidade do ambiente urbano como um todo. O repertório das espécies vegetais divulgadas nesta obra vem contribuir para o aprofundamento da discussão sobre a participação dos elementos verdes vivos como agentes promotores da reconexão do ambiente urbano com os elementos naturais.

A primeira parte do livro apresenta informações valiosas sobre os tipos de vegetação, classificados conforme a aplicação das espécies nos projetos paisagísticos e as necessidades de cada uma no território brasileiro. As informações estão organizadas de maneira didática e compõem um verdadeiro glossário, apresentando definições, conceitos e características de forma sintética, de modo a permitir uma leitura clara e de fácil compreensão. Esses conhecimentos tornam-se fundamentais quando se trabalha com as plantas, uma vez que os grupos vegetais, assim como todos os demais organismos vivos, apresentam necessidades e comportamentos específicos que devem ser respeitados e considerados para sua sobrevivência salutar e duradoura.

A segunda parte compreende um conjunto de mais de 500 plantas, classificadas em arbustos, bromélias, herbáceas, palmeiras, rasteiras, suculentas e cactos e trepadeiras e escandentes. E aqui há outro ponto relevante do livro: além das belas fotografias que ilustram cada uma das espécies, o projeto gráfico permite uma fácil navegação pelo vasto repertório. Cada espécie é descrita por meio de signos icônicos – uma linguagem alinhada com o mundo contemporâneo –, representando altura, diâmetro, clima, insolação, tipo de solo, floração, atrativos e características específicas.

Ao final do livro, há também um índice temático, que se torna um atalho para uma consulta rápida e direta, agrupando as espécies conforme suas características e sua aplicabilidade em projetos. Por exemplo, atualmente são muito recorrentes dúvidas específicas sobre sugestões de espécies que podem ser utilizadas em jardins verticais ou de vegetações para revestir taludes.

Portanto, o livro é uma referência bibliográfica e uma fonte preciosa de informações para todos os interessados em conhecer ou aperfeiçoar seus conhecimentos sobre a flora tropical e pode ser utilizado por estudantes, profissionais e admiradores da natureza. Em função de suas qualidades intrínsecas, desde sua primeira publicação, em 2005, a obra passou a fazer parte das referências indicadas para as disciplinas de paisagismo em ambas as faculdades em que leciono.

Além de dissertar um pouco sobre a obra, não posso me furtar a mencionar como conheci Juliana.

Em 1998, ela foi minha aluna em Arquitetura de Exteriores I, como era então denominada a atual disciplina de Paisagismo 1. O primeiro exercício proposto aos alunos era realizar uma pesquisa individual para reconhecimento de aproximadamente 20 espécies vegetais de diferentes portes e iniciar uma aproximação com as plantas do cotidiano de cada um, procurando assim despertar o interesse para o rico repertório de nossa flora. Na aula seguinte Juliana já apareceu com uma centena de fotografias e demonstrando um crescente interesse por aprofundar seu conhecimento botânico e paisagístico.

Em 2001, tive a oportunidade de encontrá-la novamente e participar como orientadora do seu trabalho de conclusão de curso, no qual ela já demonstrava seu domínio de conteúdo e dedicação à prática do projeto de paisagismo. Assim, não foi surpresa que, apenas quatro anos após se formar na graduação, ela publicasse um livro tão expressivo e que contribui para o paisagismo nacional. Hoje Juliana prossegue sua jornada de conhecimento desbravando novos horizontes pelas artes por meio de suas lindas ilustrações. Por fim, agradeço a oportunidade de participar deste momento de sua vida, não mais como professora e orientadora, mas como amiga e admiradora.

LUCIANA MONZILLO DE OLIVEIRA

Professora de arquitetura e urbanismo do Centro Universitário Armando Álvares Penteado (FAAP) e da Universidade Presbiteriana Mackenzie

São Paulo, março de 2022

APRESENTAÇÃO

Nos últimos séculos, a humanidade passou por grandes progressos materiais e por grandes avanços tecnológicos e científicos, visando predominantemente atender às necessidades da espécie humana. Assim, desprezou muitas vezes a importância dos outros seres e dos ecossistemas, relativizando e banalizando questões éticas que deveriam fazer parte da estrutura de valor da sociedade.

Por ignorância ou por egoísmo, o meio ambiente tem sido explorado de forma inconsequente, e os seus recursos, usados de forma irresponsável. Em decorrência disso, temos nos distanciado cada vez mais da natureza. A alienação social em relação às questões ambientais, além de deixar um legado destrutivo para a saúde e o bem-estar das futuras gerações, gera impactos na economia.

Atualmente, um breve despertar entre os homens nos convida a refletir e a rever nossos conceitos sobre o sentido e o significado da vida. Entendemos sustentabilidade como a capacidade de integrar e equilibrar as questões sociais, energéticas, econômicas e ambientais de determinada sociedade para o presente e para o futuro. A negação dessa realidade pode trazer graves consequências para todos. O tratamento deve ser holístico, e a responsabilidade, compartilhada entre os governos, os cidadãos e os empresários. Não existem soluções imediatas, mas progressivas mudanças culturais de hábitos, de costumes e de valores.

A proposta deste livro é motivar leitoras e leitores a se reconectarem com o meio ambiente, em uma

13

perspectiva sistêmica, pelo cultivo sustentável de plantas. Esse resgate pode começar com pequenos gestos, como cultivar uma planta em um simples vaso. O importante é se reintegrar com a natureza e com todas as suas formas de vida.

ESTE LIVRO

Esta obra que você está iniciando foi publicada pela primeira vez por outra casa editorial, em 2005, e deixou de ser impressa alguns anos após sua reimpressão, em 2009, em decorrência da decisão da editora de cessar a publicação de títulos de diversas áreas. A contínua procura por parte dos leitores levou o livro a ser reeditado, desta vez pela Editora Senac São Paulo.

Nesse processo, o conteúdo passou por uma cuidadosa revisão. A ideia original foi reformulada, dando mais foco à sustentabilidade. O uso paisagístico de todas as plantas foi revisto e teve algumas alterações, de forma a garantir que o seu cultivo não agrida outras plantas. Por exemplo, o bambu-de-jardim, embora apresente um porte físico adequado para ser utilizado como barreira física ou como maciço, tem um crescimento excepcionalmente rápido e por isso é considerado uma planta invasora, de modo que não é mais recomendado para aquele fim, para que sua propagação não se torne incontrolável e prejudicial ao seu ambiente. (As plantas exóticas invasoras estão identificadas no livro com um símbolo específico, conforme indicado na legenda, p. 55.)

Nesta nova versão, entre as opções de uso paisagístico, foi incluído o jardim vertical, que tem sido cada vez mais comum. Também algumas plantas cultivares* encontradas na primeira edição foram substituídas por outras espécies, mais difundidas e procuradas; por sua vez, o tipo vegetal da família das helicônias, antes considerado arbusto, pertence hoje às herbáceas. Ainda, alguns nomes científicos sofreram alterações ao longo dos últimos anos e, por essa razão, foram atualizados.

O livro está subdividido em tipos de vegetação segundo seu uso paisagístico, a fim de facilitar a escolha na elaboração do jardim: arbustos, bromélias, herbáceas, palmeiras, rasteiras, suculentas e cactos, trepadeiras e escandentes (essas últimas, por consistirem em arbustos de ramagens pendentes, são compostas no jardim do mesmo modo que as trepadeiras). No índice temático ao final do livro, as plantas estão também subdivididas conforme suas características, simplificando ainda mais a procura pelas espécies.

É importante ressaltar que esta obra não tem a pretensão de ser um estudo científico aprofundado, de modo que pode não atender a demandas específicas de profissionais de algumas áreas. Com rigor técnico, aqui buscamos atender às necessidades dos que trabalham com jardins ou, simplesmente, apreciam a natureza.

---

* Variedade; planta propagada diferentemente da espécie original.

As espécies vegetais, assim como outros seres vivos, não se comportam de forma exata, sendo sempre influenciadas pelo clima, pelo solo, pelos astros, pela posição geográfica, pelo ambiente em que estão inseridas, enfim, por inúmeros fatores que as fazem se comportarem diferentemente.

Existem espécies vegetais que, em determinados países, florescem e, em outros, não. Há outras espécies que, nos climas mais frios, atingem um porte físico e um florescimento mais vistoso e, em outra região, ficam mais fracas e com poucas flores.

Dessa forma, os dados de cada planta neste livro são fornecidos para a implantação no território brasileiro, já que seu comportamento varia conforme o país onde é inserida. Portanto, o que é chamado de "clima frio", por exemplo, é referente à realidade do nosso país.

Para cada planta, o guia traz, além de uma imagem, o nome científico, os respectivos nomes populares e todas as características necessárias para a escolha e a implantação correta na paisagem. Essas características são representadas por símbolos, cujos significados estão listados na página 55.

Com o intuito de inovar a paisagem dos jardins brasileiros, o livro apresenta algumas espécies ainda indisponíveis no mercado, muitas delas nativas brasileiras. Embora no momento da publicação desta obra elas não sejam comercializadas, vêm sendo cultivadas a fim de que estejam disponíveis para o uso paisagístico em breve, como muitas bromélias e helicônias.

BOA LEITURA E BONS CULTIVOS!

PAISAGISMO SUSTENTÁVEL

Podemos considerar contraditório o fato de ser possível cultivar um jardim e, ao mesmo tempo, gerar impactos ambientais negativos. É um paradoxo que normalmente acontece de forma inconsciente.

É importante saber que as áreas verdes planejadas deveriam servir como um espaço vivo, tendo a natureza como modelo. O jardim deve ser tratado como um meio de integração, harmonizando homem e natureza, e não como um espaço estéril, onde as plantas assumem uma função meramente decorativa.

O uso de produtos nocivos ao solo e a inserção de plantas em um clima incompatível, sob uma luminosidade inadequada, são alguns dos aspectos que inviabilizam a possibilidade de ter um jardim próspero e sustentável.

Embora o Brasil tenha uma flora abundante, com uma das mais ricas biodiversidades do mundo, pouco se vê da nossa flora nativa nos nossos jardins. O artista e paisagista Roberto Burle Marx foi um dos pioneiros no Brasil a inserir neles plantas nativas. Apesar de seus esforços, observa-se ainda hoje uma preferência pelas espécies exóticas nos jardins brasileiros.

Há muitas plantas exóticas cultivadas no país, adaptadas para as diferentes regiões. Muitas delas vivem bem integradas, sem competir com as espécies nativas. Entretanto, algumas delas, as chamadas "plantas exóticas invasoras", são extremamente nocivas ao meio ambiente, exercendo dominância nos ambientes naturais e ameaçando as espécies nativas locais, podendo levá-las à extinção.

O termo "planta exótica invasora" é mais usado para denominar plantas de outros países ou continentes que ameaçam as espécies nativas. No entanto, em países de grandes extensões territoriais como o Brasil, pode acontecer de espécies nativas de um determinado ecossistema se comportarem de maneira invasora em outro tipo de ecossistema, ameaçando as espécies locais. Por exemplo, a espécie *Lantana camara*, nativa na região entre o México e o norte e o centro do Brasil, incluindo parte do Cerrado, é considerada invasora em outras regiões brasileiras. Nos jardins, essas plantas precisam estar protegidas e isoladas das outras, de forma que não se propaguem para além do espaço delimitado. Embora elas ainda sejam muito utilizadas como plantas ornamentais, as plantas exóticas invasoras devem ter seu cultivo em jardins controlado ou evitado, para bloquear a sua propagação e o consequente impacto no ecossistema.

Sempre que possível, deve-se dar preferência às espécies nativas locais. Quanto mais semelhante ao hábitat natural o jardim for, mais vigoroso e bonito ele será. Respeitar a natureza e aprender com ela é o melhor caminho para ter um jardim saudável e ecologicamente correto.

RESPEITO ÀS EXIGÊNCIAS

O desenvolvimento vigoroso das plantas depende da harmonia de todos os fatores naturais. Uma forma de alcançar esse equilíbrio é tentando recriar seu hábitat em outro meio físico. O ambiente deve se desenvolver da forma mais natural possível, evitando, por exemplo, o uso de produtos de origem química, que danificam e enfraquecem o solo e as plantas e, consequentemente, o homem. Devemos sempre dar preferência às soluções ambientalmente sustentáveis.

Para a planta crescer e se manter de forma vistosa e saudável, é necessário atender às suas exigências climáticas e físicas. Do contrário, além de provocar doenças e muitas vezes sua morte, acarretam-se gastos desnecessários. Dessa forma, ao elaborar um jardim, é fundamental a escolha de espécies que possuam semelhanças quanto às suas necessidades, colocando as incompatíveis em outro canteiro, adaptado às suas condições. O posicionamento correto das plantas no jardim, seguindo o exemplo da própria natureza, além de atender às suas exigências, facilita a manutenção, economiza recursos valiosos, como a água, e garante um bom desenvolvimento.

Para citar alguns exemplos, plantas originalmente de meia-sombra ou sombra devem ser cultivadas sob a cobertura de copas de árvores ou arbustos, onde o sol não bate em nenhuma época do ano ou apenas durante curtos períodos. Aquelas que precisam de muita umidade devem ser posicionadas nas partes mais baixas do terreno, onde recebem mais água.

Assim, respeitar as plantas é saber observar o meio natural e aprender com ele toda a perfeição de seu sistema.

CLIMA E TEMPERATURA

O clima no território brasileiro é tropical nas regiões Norte, Nordeste e Centro-Oeste e subtropical nas regiões Sudeste e Sul. Por motivos práticos, as características climáticas estão subdivididas em temperaturas "quente a ameno", "ameno a frio" e "quente a frio".

A temperatura exigida por cada planta é a que permite seu cultivo, e não necessariamente a sua preferida, isto é, a ideal, que permite seu desenvolvimento com mais vigor. É importante lembrar que qualquer situação climática extrema pode prejudicar a planta, assim como qualquer outro ser vivo.

LUMINOSIDADE

As plantas também se diferem quanto à intensidade e duração da luminosidade requeridas. Ainda que sob o mesmo clima, elas podem ter preferências distintas quanto à intensidade da luz incidente. Plantas que precisam estar sob o sol para se desenvolverem melhor estão classificadas como "pleno sol".

As que preferem uma certa sombra, mas com luz nas proximidades, estão classificadas como "meia-sombra". E há outras plantas que só se desenvolvem bem se estiverem à sombra, com pouca luz ao seu redor. Essas plantas, que originalmente crescem na sombra de outras, muitas vezes são as que melhor se adaptam ao interior de uma casa, onde a intensidade luminosa é baixa.

Vale lembrar que sombra não é sinônimo de escuridão. Na ausência completa de luz, nenhuma planta se desenvolve, pois não consegue realizar o fenômeno mais importante entre os vegetais, que é a fotossíntese (transformar a luz, a água e o gás carbônico recebidos em oxigênio para a atmosfera e em glicose para a sua nutrição). Desse mecanismo é gerado o combustível que a planta utiliza para constituir sua estrutura e entrar em atividade.

Outro ponto importante na elaboração de um jardim é considerar as diferentes posições em que os raios solares incidem no terreno durante as estações do ano.

SOLO

O solo é um fator de grande importância na elaboração dos jardins, porém muitas vezes não é levado em consideração. Mesmo seguindo à risca todas as outras exigências, as plantas em solo inadequado podem crescer com dificuldades, sem vigor. Há risco de que não floresçam, fiquem vulneráveis ao ataque de pragas e doenças ou mesmo não se desenvolvam. Como mencionado, quanto mais o jardim se assemelhar com o ambiente natural, mais saudável e sustentável ele será.

A floresta é um sistema perfeito, que devemos ter como modelo para qualquer prática de cultivo, seja em um jardim, seja em uma horta, seja em grande escala, como na agricultura. O distanciamento do ser humano em relação à natureza acarretou, entre outras consequências, a falta de interação com ela, e perdeu-se com isso toda a riqueza de sua sabedoria.

Os processos modernos de cultivo, além de não considerar as leis naturais, ainda levam o solo rapidamente à esterilidade (atingindo as plantas), seja por uso indevido de máquinas pesadas que compactam o solo, seja por uso de produtos químicos, seja por incompatibilidade com o sistema natural. Ter a floresta como um exemplo de eficiência, observando a perfeição de seus fluxos, é a melhor forma de manter um jardim saudável e feliz.

TEXTURA DOS SOLOS

ARGILOSOS

São os solos compactados e com alto teor de umidade. Costumam ser mais escuros e pegajosos. Como suas partículas são pequenas, há pouco espaço livre entre elas, dificultando a drenagem de água. Em épocas chuvosas, ficam encharcados e, em épocas secas, ficam rachados.

ARENOSOS

São os solos cujas partículas são maiores, deixando o solo mais poroso, solto e seco, visto que o espaçamento permite a livre circulação de água, ar e nutrientes. Por essa razão, eles têm dificuldade de retenção, sendo assim menos férteis.

ARENOARGILOSOS E ARGILOARENOSOS

São os solos mistos, geralmente mais adequados para cultivos em geral. Apresentam boa capacidade de drenagem e aeração, além de retenção equilibrada de água, matéria orgânica e nutrientes. Os arenoargilosos, como indica o nome, tendem a ter mais partículas de areia do que de argila, enquanto os argiloarenosos possuem maior proporção de argila em relação à areia.

CONTROLE DE ACIDEZ NO SOLO - PH

O pH do solo determina se ele é ácido, neutro ou alcalino. O ideal é que o solo seja levemente ácido (pH entre 6 e 6,5), proporcionando excelentes condições para o armazenamento de nutrientes. Os solos brasileiros são geralmente ácidos, e é recomendável corrigi-los com adição de cálcio e magnésio (calagem).

1	2	3	4	5	6	7	8	9	10	11	12	13	14
pH ácido						pH neutro							pH alcalino

MATÉRIA ORGÂNICA

A matéria orgânica é o maior fator de equilíbrio dos solos. Sua composição física e biológica proporciona uma boa capacidade de retenção de umidade e nutrientes, além de permeabilidade e aeração. Ela estabiliza o solo, evitando a erosão, serve de alimento para microrganismos e mantém uma temperatura estável em seu meio. Pode-se obter matéria orgânica preparando os compostos orgânicos ou, naturalmente, com o próprio mulche. Solos que contêm matéria orgânica são mais férteis.

MULCHE

O nome vem da palavra inglesa *mulch*. O mulche é um manto vegetal composto de folhas e ramos secos que caem das plantas, principalmente de árvores e arbustos, formando uma cobertura no solo.

Responsável pela fertilidade do solo no seu estado natural, o mulche ajuda também na armazenagem e na formação de nutrientes para os microrganismos, auxilia na aeração, na drenagem e no enraizamento, além de manter o microclima estável, sendo fundamental para a fixação do nitrogênio e a formação do húmus.

HÚMUS

O húmus é a matéria orgânica decomposta, resultado da decomposição do próprio mulche por meio de um processo de mineralização no qual também são produzidos gás carbônico, água e nutrientes minerais para o solo.

A quantidade desse subproduto no solo determina o grau de fertilidade dele. O húmus é constituído de uma mistura de ácidos orgânicos que auxiliam no agrupamento das partículas do solo, proporcionando maior proteção contra lixiviação (quando a água escorre rapidamente pelo solo, levando os nutrientes) e ajudando na aeração. Além disso, o húmus retém a umidade e mantém a temperatura estável.

ADUBAÇÃO

A adubação dos solos é uma prática fundamental na manutenção da fertilidade, garantindo a produtividade e a nutrição.

ADUBAÇÃO ORGÂNICA

É o principal tipo de adubação, uma vez que a presença de matéria orgânica proporciona fertilidade ao solo. Em solos mais fracos, o adubo orgânico potencializa o aproveitamento dos efeitos da adubação mineral. É fonte de nutrientes e melhora as propriedades físicas, químicas e biológicas do solo. Ela pode ser realizada com a incorporação de compostos orgânicos, estrume animal e restos vegetais ou com adubos verdes (aplicação de leguminosas ao solo, que, além dos diversos benefícios, fixa o nitrogênio na terra – mais utilizado em grandes culturas, como na agricultura). A utilização do mulche como cobertura vegetal ainda é a forma mais eficaz de adubação orgânica, visto que recria o sistema natural fértil.

ADUBAÇÃO MINERAL

A adubação mineral é feita por meio do uso de fertilizantes. Complementa o trabalho da adubação orgânica, fornecendo nutrientes, auxiliando o solo a recuperar sua fertilidade natural e estimulando o desenvolvimento de sua biologia.

A fertilização mineral deve ser usada como corretivo do solo, em dosagens pequenas. Os fertilizantes naturais mais usados são as rochas naturais, ricas em certos nutrientes, como o cálcio (Ca), o magnésio (Mg), o fósforo (P) e o potássio (K).

A mais comum é realizada com calcário, em um processo conhecido como calagem, visando reduzir a acidez do solo e criar condições favoráveis para o desenvolvimento de minhocas e microrganismos responsáveis pela fertilidade. Há também o uso de micronutrientes por meio de fontes naturais, como outras rochas de natureza orgânica, cinzas de madeira, pó de algas marinhas e água do mar. Os fertilizantes minerais podem ser incorporados aos compostos.

COMPOSTAGEM

A compostagem é um processo de fermentação de determinados restos orgânicos, transformando-os em um material de alta qualidade, chamado de "composto". Amplamente utilizado na agricultura ecológica, o composto também pode ser aplicado na jardinagem. Esse material é um excelente restaurador do solo, visto que libera lentamente os micro e macronutrientes necessários, aumenta o teor de matéria orgânica e fortalece a saúde e a resistência das plantas, além de aumentar a capacidade de drenagem (reduzindo a erosão) e de retenção da água.

Para fazer o composto, é necessário coletar restos vegetais (grama e folhas secas, gravetos picados, ervas invasoras etc.) e outros restos orgânicos de alimentos (como cascas de frutas e legumes). Restos de comida industrializada, assim como carnes, devem ser evitados, visto que podem se tornar tóxicos e atrair insetos e roedores indesejados. O lixo caseiro também pode ser usado, porém sob severa seleção, utilizando produtos biodegradáveis, evitando a poluição. O local escolhido deve estar protegido do vento, da chuva e do sol, evitando perdas na qualidade. Se o local for úmido, é importante que seja levemente inclinado, permitindo escoamento. O composto doméstico pode ser feito em caixas plásticas ou de madeira usada, com suas faces furadas. O ideal é empilhar todo o material coletado em camadas finas, alternando material úmido e seco. A primeira camada deve conter gravetos e palha, para haver mais aeração, e a última não deve alcançar mais de 1 metro do solo. O processo de fermentação eleva muito a temperatura do material, que perde cerca de um terço de seu volume inicial. De duas em duas semanas ou sempre que esfriar, o composto deve ser revirado. Deve-se adicionar água quando o material estiver mais seco ou em épocas mais quentes.

MINHOCAS

As minhocas são importantes auxiliares do solo. Sua presença na terra representa fertilidade. Ao consumir detritos vegetais como alimento e fonte de energia, elas eliminam um material que serve como adubo. As minhocas são as grandes produtoras de fertilizante natural e enriquecedoras do teor de húmus no solo, contribuindo para uma adubação uniforme. Também proporcionam aeração e formam canais de infiltração para a água da chuva através de túneis que elas formam na terra, ajudando a umedecê-la.

ÁGUA

Alguns cuidados básicos são vitais no início do crescimento das plantas, como a rega. A frequência da rega vai depender das condições climáticas do local e da necessidade das plantas. Regiões mais secas exigem mais regas, enquanto nas regiões úmidas elas podem ser feitas mais esporadicamente.

Há plantas que necessitam de mais água que outras, e as regas devem ser feitas no início da manhã ou no fim da tarde, evitando as queimaduras que ocorrem quando elas são molhadas sob sol e calor.

Em locais de muito vento ou próximos ao mar, o solo tende a secar mais. Quebra-ventos naturais, como árvores e arbustos, podem minimizar esse efeito.

O aproveitamento da água da chuva para a irrigação ou mesmo para simples regas é uma atitude inteligente e ecologicamente correta, visto que a disponibilidade de água no planeta já está escassa e em poucos anos esse será um valioso recurso.

A adição de matéria orgânica e a cobertura com o mulche são os meios mais eficazes de retenção da umidade no solo. Controlar o crescimento de ervas invasoras também acaba ajudando, visto que elas retiram muita água do solo, pois crescem rapidamente, competindo com as demais plantas.

CONTROLE DE PRAGAS E ENFERMIDADES

Pragas e enfermidades ocorrem com mais frequência em solos prejudicados química e fisicamente, onde os predadores naturais e microrganismos não estão mais presentes.

Algumas práticas básicas podem tornar o solo mais saudável e equilibrado:

- evitar a utilização de substâncias químicas, como agrotóxicos, pois o uso desse tipo de substância enfraquece o solo, que fica mais propenso ao ataque de pragas e enfermidades;
- plantar espécies vegetais adaptadas à região, dando preferência a sementes de plantas nativas ou regionais;
- plantar diversas espécies compatíveis, integrando-as entre si no mesmo espaço.

COCHONILHAS

São pequenos insetos sugadores da seiva da planta, com carapaça dura e escamosa ou com cobertura com aspecto de flocos brancos e moles. Podem atingir até as raízes das plantas.

COMBATE NATURAL

Retirar manualmente com pano ou algodão ou pulverizar com óleo mineral ou calda de fumo.

CUPINS

O aparecimento de cupins está relacionado à alteração do ambiente natural, indicando deficiência na quantidade de matéria orgânica e cálcio no solo.

PREVENÇÃO

Manter o solo rico em matéria orgânica, proteger com cobertura de mulche e/ou aplicar calcário no processo de calagem.

LAGARTAS

Danificam folhas, que ficam com furos e/ou meladas.

PREVENÇÃO

Catar manualmente ou pulverizar com calda de fumo ou sabão neutro com água.

LESMAS E CARACÓIS

Geralmente atacam em dias chuvosos. Costumam se abrigar em locais úmidos. Provocam furos em folhas, pétalas e caules.

COMBATE NATURAL

Preparar armadilhas, fazendo esconderijos úmidos e sombrios, onde podem ser encontrados e destruídos no dia seguinte.

FORMIGAS

O aparecimento de formigas ameaçadoras em grandes quantidades indica alteração no equilíbrio do ambiente, ou por extermínio de seus predadores naturais (tatus, tamanduás, pássaros etc.) ou pela redução de microrganismos do solo por falta de fertilidade e/ou por degradação.

COMBATE NATURAL

Garantir equilíbrio ecológico no local; usar plantas que atraem formigas, como o girassol e o gergelim; corrigir o solo com uso de alcalinizantes, visto que elas só prosperam em ambientes ácidos; corrigir o solo com calagem; aumentar o nível de matéria orgânica, onde se encontram predadores de suas larvas.

PULGÕES E PERCEVEJOS

Alimentam-se da seiva, geralmente de caules e folhas novas, causando descoloração e deformação em algumas áreas da planta.

PREVENÇÃO

Reintroduzir o predador natural, a joaninha; fazer catação manual; pulverizar com calda de fumo ou chá de arruda.

FUNGOS

São organismos que atacam principalmente folhas (manchas, podridão, crestamento e pintas) e tronco (cogumelos). Desenvolvem-se melhor em clima quente e úmido. Podem causar a morte da planta.

COMBATE NATURAL

Melhorar a circulação de ar em torno das plantas; retirar as folhas afetadas; pulverizar com calda de fumo.

NOMES

NOME CIENTÍFICO

É o nome dado à planta, normalmente pelo seu descobridor, seguindo definições já existentes para sua caracterização. Esse nome, em latim, é o usado no mundo científico. O primeiro nome constitui o gênero da planta, e o segundo, sua espécie. Essas classificações podem sofrer alterações com o avanço dos estudos botânicos. Assim, um nome científico atualmente aceito pode ser substituído por outro no futuro.

NOMES POPULARES

São os nomes mais conhecidos dados às plantas em diferentes regiões do país. Como não obedece a um padrão científico, um nome popular acaba sendo utilizado de forma genérica para denominar diferentes espécies.

USO PAISAGÍSTICO

Para as plantas se integrarem ao ambiente de forma harmoniosa, é importante seguir algumas formas de implantação e uso. Os usos paisagísticos propostos são os mais comuns ou possíveis, e nada impede que novas formas de utilização sejam criadas e exploradas.

ESCLARECIMENTOS

BARREIRA FÍSICA

Consiste em plantas que, por sua textura, seu porte ou sua forma física, impedem a passagem. Muitas delas são espinhentas.

BORDADURAS

São fileiras de plantas, geralmente de baixo porte, que delimitam um canteiro ou formam desenhos. As bordaduras podem servir para separar um caminho ou um grupo vegetal como um maciço.

CARAMANCHÕES

São suportes para plantas trepadeiras, geralmente floríferas. A sua estrutura é mais resistente que a dos arcos, e eles servem para cobrir áreas como garagens ou espaços de descanso externos, permitindo que as flores fiquem suspensas ao longo de sua estrutura.

CERCAS E MUROS

São para plantas que se harmonizam beirando muros ou cercas por sua composição física e seu porte.

CERCAS-VIVAS

São plantas mantidas em altura e posição determinadas e que, por sua textura, seu porte ou sua forma física, formam cercas ou muros naturais, bloqueando a visão, delimitando espaços, impedindo a passagem ou redirecionando os ventos.

EM CONJUNTO

São plantas que, em razão de seu porte, podem ser cultivadas junto de outras plantas sem as cobrir ou prejudicar.

ESCADAS

São para plantas de porte pequeno – geralmente até 25 cm –, que se instalam entre os degraus de escadas externas ou ao seu redor, integrando bem a construção à natureza.

ESPELHOS D'ÁGUA E LAGOS

São geralmente para plantas aquáticas ou que vivem bem em solos encharcados ou brejosos. Algumas dessas plantas não necessitam nem de solo.

FORRAÇÕES E GRAMADOS

São formados pelas plantas rasteiras, em sua maioria herbáceas, que se elevam geralmente até 15 cm, mas que não suportam pisoteio, salvo alguns tipos de gramados.

ISOLADO

Consiste em plantas que se destacam esteticamente quando isoladas de outras ou que precisam estar um pouco distantes de outras plantas para se desenvolverem bem (muitas vezes em razão de seu porte).

JARDINEIRAS E CANTEIROS

Os canteiros são espaços construídos que contornam varandas, janelas, cantos ou passagens, geralmente com a largura menor que o comprimento. As jardineiras são usadas tradicionalmente para abrigar herbáceas floríferas. Quando suspensas em janelas ou varandas, abrigam plantas escandentes.

JARDINS DE PEDRA

São os espaços externos e a pleno sol ou meia-sombra, geralmente de solos arenosos e rochosos, que abrigam plantas resistentes a esse meio, como as suculentas ou plantas litófitas (ver definição na página 44), como algumas bromélias que se desenvolvem bem em ambientes com pedras.

JARDINS VERTICAIS

Trata-se de jardins nos quais se cultivam plantas suspensas ou fixas verticalmente em paredes ou muros. De forma geral, elas são dispostas em grande volume, com uma ou várias espécies juntas, formando uma superfície verde vertical. Os jardins verticais, também chamados de "paredes verdes" ou "paredes vivas", servem ainda como isolantes térmicos e acústicos. Na maior parte das vezes são plantas de raízes curtas e não invasoras. Para as áreas de difícil acesso, é recomendado o cultivo de plantas perenes, evitando a manutenção constante.

MACIÇOS

São o agrupamento de uma mesma planta de forma compactada, sem clareiras, muitas vezes em grandes proporções e sem podas.

PERGOLADOS E TRELIÇAS

Os pergolados constituem estruturas de colunas paralelas com uma cobertura vazada, em que se sustentam trepadeiras para cobrir pequenos espaços no jardim. Muitas vezes, podem acoplar um banco, formando uma estrutura única. As treliças são estruturas entrelaçadas com ripas de madeira (ou outro material resistente), utilizadas como tela ou suporte para trepadeiras e outras plantas escandentes. Servem para dividir ambientes ou conferir mais privacidade em um espaço no jardim.

VASOS

São recipientes côncavos que servem para abrigar plantas em um espaço limitado. Os vasos são encontrados prontos em diversas formas, cores e texturas e podem ser integrados ao jardim.

TIPOS DE VEGETAÇÃO

As espécies vegetais estão subdivididas neste livro por tipos, segundo sua composição física ou seu comportamento vegetativo. Além dessa subdivisão, cada espécie apresenta outras características próprias que a tornam diferente das outras.

ARBUSTOS

Plantas, em sua maioria, lenhosas, podendo ser também sublenhosas, herbáceas ou sub-herbáceas. Seu porte é variável: geralmente, atingem até 6 metros, mas podem crescer muito mais se estiverem em seu hábitat natural. Podem servir de barreira física, bordaduras, cercas-vivas ou renques; revestir muros, cercas, canteiros, vasos; ser implantadas isoladas ou em maciços. É o tipo vegetal com mais opções de uso no paisagismo.

BROMÉLIAS

Não são exatamente um tipo vegetal distinto, e sim uma família de herbáceas geralmente epífitas, mas seu uso no paisagismo é tão peculiar que foram separadas aqui do grupo ao qual pertencem. Têm origem tropical e apresentam caule reduzido e folhas organizadas formando uma roseta. A maioria é epífita (ver definição na página 43), e algumas são litófitas ou terrestres.

Comportam-se bem em conjunto com outras plantas tropicais, além de servirem como maciços ou vasos. Não suportam solos encharcados e geralmente não sobrevivem ao cultivo em geadas ou ambientes com temperaturas baixas.

HERBÁCEAS

Plantas que possuem tecidos pouco consistentes, ricos em água e de corte fácil. Abrangem quase todos os tipos vegetais existentes. Incluem as samambaias e, por motivos práticos, as bulbosas.

PALMEIRAS

Plantas tropicais, de porte elegante e facilmente distinguíveis. Concorrem visualmente com as árvores na paisagem, mas, quando são de porte pequeno, comportam-se como arbustos na composição do jardim.

RASTEIRAS

Plantas reptantes de porte muito pequeno, que se elevam a pouca altura e crescem se rastejando. O caule desenvolve-se paralelamente à superfície da terra. Constituem as forrações e os gramados, e podem ser usadas também em vasos, envolvendo escadas ou em conjunto com outras plantas de porte maior.

SUCULENTAS E CACTOS

Arbustos ou herbáceas de aspecto carnoso e espesso, cujo tecido é capaz de armazenar grande quantidade de água, geralmente vivendo bem em solos secos, arenosos ou rochosos, como nos jardins de pedra. São também cultivados em vasos e maciços. A maioria dos cactos possui espinhos.

TREPADEIRAS E ESCANDENTES

Plantas lenhosas ou herbáceas cujos caule e ramagens tornam-se longos e crescem apoiando-se sobre outras plantas ou em estruturas. Servem para revestir arcos, caramanchões, cercas, grades, muros, paredes, pérgolas, portais, treliças ou mesmo outras plantas.

CARACTERÍSTICAS

Dentro do grupo de tipos de vegetação, as plantas ainda podem ser de textura lenhosa ou herbácea, com ciclo de vida anual, bienal ou perene, com desenvolvimento escandente, pendente, entouceirado ou ereto, ou com hábito epífito.

LENHOSAS

Plantas que possuem tecidos espessos e endurecidos, que formam o lenho.

HERBÁCEAS

Possuem tecidos pouco consistentes em decorrência da pouca ou nenhuma lignina. São plantas de caule maleável e não lenhosas. Por motivos práticos, incluem-se aqui as bulbosas.

ANUAIS

Plantas cujo ciclo de vida ocorre durante uma ou duas estações do ano.

BIENAIS

Plantas cujo ciclo de vida se estende por mais de quatro estações do ano.

PERENES

Plantas cujo ciclo de vida é indeterminado ou longo.

ESCANDENTES

Plantas de caule e ramagem longos, que se comportam como pendentes, prestando para plantio em locais altos.

PENDENTES

Plantas que possuem caule ereto e longo e que pendem conforme vão crescendo.

ENTOUCEIRADAS

Plantas de mesma espécie constituídas de diversos eixos ou que crescem muito próximas a outras de mesma espécie, formando um conjunto espesso.

ERETAS

Plantas que crescem de forma erguida, em razão de seu caule ereto.

EPÍFITAS

Plantas que vivem sobre outro vegetal sem o prejudicar, usando-o apenas como suporte.

LITÓFITAS

Plantas que se desenvolvem bem junto de pedras ou mesmo sobre elas. Também conhecidas como "rupícolas".

FLORAÇÃO

A floração ocorre nas plantas em diferentes épocas do ano, a maioria na primavera. Existem plantas que florescem e se mantêm floridas durante o ano todo. Também há outras plantas, como algumas bromélias, que só florescem uma vez na vida. Com essas informações, é possível elaborar um jardim com plantas que floresçam em épocas distintas, a fim de ter um efeito diferente o ano todo.

ALTURA

A altura da planta é determinada segundo a espécie e as condições climáticas. A altura indicada no livro é a medida aproximada que a planta pode atingir. A planta pode chegar a um porte maior ou menor dependendo do clima, do solo ou da região. As trepadeiras não são medidas pela altura, e sim pelo comprimento, que se mostra tão variável que muitas vezes não é possível determiná-lo de forma precisa. Por essa razão, a altura das plantas trepadeiras e de muitas escandentes está indicada neste livro somente com "-" (indefinido).

DIÂMETRO

Subentende-se por diâmetro a medida necessária para plantar com garantia de que exista um espaço mínimo a fim de que a planta se desenvolva sem invadir prejudicialmente o espaço de outras ou sem causar danos a ela e ao seu redor. É uma medida média, podendo variar dependendo do entorno.

LUMINOSIDADE

PLENO SOL

Plantas que ficam sob exposição direta do sol. Compreende a maioria dos arbustos, palmeiras, suculentas, cactos e trepadeiras e parte das herbáceas e rasteiras.

MEIA-SOMBRA

Plantas que ficam sob uma certa quantidade de sombra, mas com claridade ao seu redor. Compreende a maioria das bromélias e parte das herbáceas e rasteiras.

SOMBRA

Plantas que ficam com luminosidade restrita no seu entorno, ideal para ambientes internos. Em sua maioria, são herbáceas e algumas bromélias.

CLIMA

QUENTE A AMENO

Plantas cujo desenvolvimento depende de temperaturas mais elevadas, acima de 20 °C.

AMENO A FRIO

Plantas que se desenvolvem melhor em condições climáticas mais amenas, geralmente com temperatura abaixo de 20 °C, ou, em regiões mais frias do país, abaixo de 10 °C, comuns nas regiões de altitude do sudeste e do sul do Brasil.

QUENTE A FRIO

Plantas que se desenvolvem bem em quase todas as regiões do país. Vale lembrar que qualquer extremo (muito calor ou muito frio) pode ser prejudicial à planta.

SOLO

ARGILOSO

Para plantas que precisam estar em condições de solo extremamente úmidas, muitas vezes em áreas pantanosas ou brejosas. Necessitam de grande quantidade de água, principalmente nas épocas mais secas.

ARENOSO

Para plantas que precisam se desenvolver em solos secos, com pouca umidade, em condições mais rústicas. São solos pobres em nutrientes. Em geral, abrangem os cactos e as suculentas.

ARENOARGILOSO E ARGILOARENOSO

Atendem à maioria das plantas, visto que esses tipos de solo possuem aeração, umidade balanceada e boa capacidade de reter nutrientes. Geralmente apresentam bastante matéria orgânica.

ATRATIVOS

As plantas ornamentais, de modo geral, apresentam aspectos próprios que tornam umas mais atraentes que as outras, dependendo do que se deseja ter no jardim. É possível elaborar jardins com características específicas ou temáticos. O livro destaca as plantas que possuem um diferencial importante na composição do jardim e que possam dar uma identidade a mais ao espaço.

ATRAEM ABELHAS

Plantas cujas flores atraem polinizadores, como as abelhas.

ATRAEM BORBOLETAS

Plantas cujas flores atraem polinizadores, como as borboletas.

ATRAEM PÁSSAROS

Plantas cujos frutos, flores ou água acumulada atraem pássaros.

COLORAÇÃO DE DESTAQUE

Plantas que possuem uma coloração chamativa, que contribui para a elaboração de um jardim colorido.

PERFUME

Plantas que exalam algum tipo de perfume.

FOLHAGEM ORNAMENTAL

Plantas cuja folhagem possui aspectos visuais mais ornamentais que as outras, proporcionando um maior impacto na paisagem.

FOLHAS AROMÁTICAS

Plantas cujas folhas possuem algum tipo de perfume.

FRUTOS OU INFLORESCÊNCIAS ORNAMENTAIS

Plantas cujos frutos ou inflorescências se destacam na paisagem pela sua forma ou pela sua excentricidade.

OBSERVAÇÕES

Muitas plantas apresentadas no livro possuem alguma particularidade importante a ser conhecida, a fim de lhes proporcionar um melhor desenvolvimento, ou precisam de alguns cuidados especiais. Os mais comuns são os citados a seguir.

ADQUIREM MAU ASPECTO COM O TEMPO

Plantas que, com a idade, vão adquirindo um aspecto fraco.

INDICADAS PARA REVESTIR TALUDES

Plantas que ajudam na contenção de taludes, terrenos íngremes e barreiras, podendo evitar erosões.

APRESENTAM CRESCIMENTO LENTO

Plantas que crescem lentamente. Em sua maioria, têm uma durabilidade maior.

APRESENTAM CRESCIMENTO RÁPIDO

Plantas que crescem muito rápido e, em geral, também morrem rapidamente, visto que vegetam de forma excessiva.

DESENVOLVEM-SE MELHOR EM REGIÕES FRIAS

Plantas que se desenvolvem melhor em regiões de temperaturas mais amenas ou frias (clima subtropical).

DESENVOLVEM-SE MELHOR EM REGIÕES LITORÂNEAS

Plantas que se desenvolvem mais vigorosamente no litoral, em razão das peculiaridades do clima (o qual apresenta mais salinidade e alto grau de umidade).

DESENVOLVEM-SE MELHOR EM REGIÕES SECAS

Plantas que têm um desenvolvimento mais intenso graças à pouca umidade.

DESENVOLVEM-SE MELHOR EM REGIÕES ÚMIDAS

Plantas que conseguem se desenvolver melhor em locais úmidos, já que precisam de mais água que as outras.

APRESENTAM DIVERSIDADE DE COR

Quando a mesma espécie possui cores distintas de flores ou folhas.

EXIGEM RENOVAÇÃO ANUAL OU BIENAL

Plantas que necessitam passar por uma renovação em seu canteiro anualmente ou a cada dois anos, para se manterem vistosas.

APRESENTAM FLOR OU INFLORESCÊNCIA MUITO DURÁVEL

Plantas cujas flores ou inflorescências demoram a murchar ou morrer ou passam mais de duas estações floridas.

TÊM FLORESCIMENTO MAIS VISTOSO EM REGIÕES FRIAS

Plantas cujas flores ficam mais vistosas e numerosas nos climas mais frios, como as regiões subtropicais do país.

NÃO RESISTEM A PISOTEIO

Plantas rasteiras que, apesar de muito baixas, quando pisoteadas demoram para se recuperarem. Apenas alguns tipos de grama permitem o pisoteio sem danos maiores.

NÃO TOLERAM BAIXAS TEMPERATURAS

Plantas que, sob condições climáticas extremas de frio, perdem seu vigor, podendo até morrer. Naturalmente, não toleram geadas. A maioria das plantas cultivadas no nosso país sofre no frio, por ser adaptada para o clima tropical.

NECESSITAM DE PODAS FREQUENTES

Plantas que, se podadas regularmente, podem manter o bom aspecto e a exuberância originais, ou cujo crescimento pode ser evitado quando desejamos.

NECESSITAM DE ILUMINAÇÃO INTERNA DIFUSA

Plantas de ambientes internos que, mesmo estando à meia-sombra ou à sombra, precisam de uma luz difusa para se desenvolverem bem.

NECESSITAM DE PROTEÇÃO CONTRA VENTOS

Plantas consideradas mais frágeis, pois correm o risco de se quebrarem ou serem destruídas quando expostas ao vento. Espécies de maior porte e mais resistentes podem servir de abrigo a essas plantas, a fim de evitar os danos.

INDICADAS PARA TRABALHOS TOPIÁRIOS

Plantas que, em razão de seus aspectos físicos, permitem a poda criativa e a elaboração de desenhos.

PERDEM FOLHAS NA ESTIAGEM

Plantas que, geralmente no inverno, perdem suas folhas. Conhecidas também como "caducas".

PLANTAS EXÓTICAS INVASORAS

Plantas cuja introdução ameaça a biodiversidade local, por dominarem o ambiente natural, ocupando o espaço das espécies nativas. Embora muitas sejam utilizadas como plantas ornamentais, o seu uso nos jardins deve ser controlado ou evitado. A fim de conter sua propagação, essas plantas estão apresentadas no livro com usos paisagísticos reduzidos, somente para cultivo em áreas delimitadas e protegidas, como bordaduras, canteiros, escadas, espelhos d'água, jardineiras, jardins verticais e vasos. O uso como forração deve ser restrito e delimitado por meio de um material seguro, como um separador de grama.

PLANTAS RÚSTICAS

Plantas consideradas resistentes à falta ou ao excesso de água, a solos secos ou a mudanças bruscas de temperatura. Boa parte das plantas consideradas rústicas é formada por espécies nativas.

PLANTAS TÓXICAS

Plantas que, se ingeridas ou em contato com mucosas e olhos, podem causar males à saúde humana ou à de animais domésticos, como alergias e outros distúrbios em geral. Algumas delas podem levar à morte.

POSSUEM ESPINHOS

Plantas que possuem saliências cortantes ou perfurantes. Geralmente servem como barreira física ou cerca-viva. A maioria dos cactos possui espinhos.

RESISTENTES A SECA

Plantas muitas vezes originárias de locais secos e que conseguem ficar dias sem água. Os cactos e as suculentas são bem resistentes a seca.

TOLERAM TERRENOS ALAGADIÇOS OU BREJOSOS

Plantas oriundas de locais bem molhados, como solos argilosos, de baixada ou mesmo de lagos.

LEGENDA

📏	Altura (m)	✿	Floração primavera-verão
📏	Diâmetro (m)	✿	Floração outono-inverno
🌡️	Quente a ameno	✿	Floração ano todo
🌡️	Ameno a frio	🐝	Atrai abelhas
🌡️	Quente a frio	🦋	Atrai borboletas
☀️	Pleno sol	🐦	Atrai pássaros
◐	Meia-sombra	🎨	Coloração de destaque
●	Sombra	🌸	Perfume
▼	Solo argiloso	🌿	Folhagem ornamental
▼	Solos argiloarenoso ou arenoargiloso	🌿	Folhas aromáticas
▼	Solo arenoso	🌾	Frutos ou inflorescências ornamentais
🪴	Planta exótica invasora	⚠️	Planta tóxica
🇧🇷	Planta nativa brasileira		

Abelia × grandiflora

abélia, abélia-da-china

- Barreira física
- Caramanchões
- Cercas e muros
- Cercas-vivas
- Isolado

Arbusto sublenhoso.
Crescimento rápido.

Acalypha hispida

acalifa-macarrão, macarrão, rabo-de-gato, rabo-de-gato-vermelho

- Cercas-vivas
- Em conjunto
- Isolado

Arbusto sub-herbáceo ereto.
Não tolera baixas temperaturas.

Acalypha wilkesiana

acalifa, crista-de-peru, rabo-de-macaco

- Cercas e muros
- Cercas-vivas
- Em conjunto
- Isolado

 3 m 2 m

Arbusto sublenhoso perene. Diversidade de cor. Não tolera baixas temperaturas. Crescimento rápido.

Allamanda blanchetii

alamanda-rosa, alamanda-roxa

- Caramanchões
- Cercas e muros
- Cercas-vivas
- Isolado
- Maciços

Arbusto sublenhoso escandente.
Não tolera baixas temperaturas.

Anthurium andraeanum

antúrio, antúrio-de-flor

- Em conjunto
- Jardineiras e canteiros
- Jardins verticais
- Vasos

Subarbusto ereto perene. Diversidade de cor. Não tolera baixas temperaturas.

 1 m
 0,3 m

Anthurium plowmanii
antúrio-concha

- Em conjunto
- Isolado
- Vasos

Subarbusto ereto perene. Necessita de iluminação interna difusa.

Ardisia crenata
ardísia

- Bordaduras
- Cercas e muros
- Maciços
- Vasos

Arbusto sub-herbáceo ereto.
Tem maior frutificação no litoral.

Bambusa tuldoides

bambu-caipira, bambu-comum

- Barreira física
- Cercas-vivas
- Isolado

Arbusto lenhoso entouceirado.
Crescimento rápido.

Barleria cristata

barléria, violeta-filipina

- Bordaduras
- Em conjunto
- Jardineiras e canteiros
- Vasos

 1,6 m 0,5 m

Arbusto ereto perene. Planta rústica. Não tolera baixas temperaturas.

Beaucarnea recurvata

biucarnea, nolina, pata-de-elefante

- Em conjunto
- Isolado
- Vasos

Arbusto sublenhoso.

Bougainvillea glabra

buganvile, flor-de-papel, primavera, roseiro, roseta, santa-rita, três-marias

- Barreira física
- Caramanchões
- Cercas e muros
- Cercas-vivas
- Isolado

Arbusto lenhoso escandente.

Bougainvillea spectabilis

buganvília, ceboleiro, espinho-de-santa-rita, primavera, três-marias

- Caramanchões
- Cercas e muros

Arbusto lenhoso escandente.
Diversidade de cor. Possui espinhos.
Não tolera baixas temperaturas.

Breynia disticha

arbusto-de-neve, folha-de-seda, mil-cores

- Cercas e muros
- Cercas-vivas
- Isolado
- Vasos

Arbusto sub-herbáceo.
A variedade de folhas brancas
necessita de meia-sombra.
Não tolera baixas temperaturas.

Brunfelsia uniflora

caá-gambá, gerataca, geretataca, manacá-de-cheiro, romeu-e-julieta

- Cercas e muros
- Cercas-vivas
- Isolado

Arbusto lenhoso. Florescimento mais vistoso em regiões frias.

Buchozia japonica

serissa

- Bordaduras
- Cercas e muros
- Escadas
- Maciços

Arbusto sublenhoso ereto.

Buxus sempervirens

árvore-da-caixa, buxinho, buxo

- Bordaduras
- Cercas e muros
- Cercas-vivas
- Vasos

Arbusto lenhoso. Crescimento lento. Indicado para trabalhos topiários.

Calliandra brevipes

esponja, esponjinha, manduruvá, quebra-foice

- Bordaduras
- Cercas e muros
- Cercas-vivas
- Em conjunto
- Isolado

Arbusto lenhoso. Florescimento mais vistoso em regiões frias.

Calliandra haematocephala var. *haematocephala*

esponjinha, esponjinha-sangue

- Barreira física
- Cercas-vivas
- Isolado

Arbusto lenhoso ereto.
Não tolera baixas temperaturas.

Calliandra tweediei

caliandra-esponjinha, esponjinha-sangue, esponjinha-vermelha, mandararé

- Cercas-vivas
- Em conjunto
- Isolado

 4 m 2 m

Arbusto lenhoso ereto.

Callianthe darwinii

abutilon, falso-algodão, sino-amarelo

- Cercas-vivas
- Em conjunto

Arbusto sublenhoso ereto perene.

Callianthe megapotamica

chapéu-de-cardeal, lanterna-chinesa, lanterninha-japonesa, sininho

- Cercas e muros
- Cercas-vivas
- Jardineiras e canteiros
- Pergolados e treliças
- Vasos

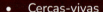

Arbusto sublenhoso escandente.
Perde folhas na estiagem.

Callianthe striata

abutilon, lanterna-chinesa, lanterninha-japonesa, sininho

- Cercas-vivas
- Isolado

Arbusto sublenhoso ereto.

Callistemon viminalis

escova-de-garrafa

- Barreira física
- Cercas-vivas
- Isolado

Arbusto lenhoso ereto.
Crescimento lento.

Camellia japonica
camélia

- Isolado
- Vasos

Arbusto lenhoso.

Carludovica palmata

bombonaça, chapéu-de-panamá, chapéu-panamá

- Em conjunto
- Isolado
- Vasos

Subarbusto ereto entouceirado.

Catharanthus roseus

boa-noite, vinca, vinca-de-gato, vinca-de-madagascar

- Bordaduras
- Jardineiras e canteiros
- Maciços

Arbusto sub-herbáceo ereto perene.
Adquire mau aspecto com o tempo.

Catharanthus roseus var. albus

boa-noite, vinca, vinca-de-gato, vinca-de-madagascar

- Bordaduras
- Jardineiras e canteiros
- Maciços

 0,5 m   0,3 m

Arbusto sub-herbáceo ereto perene.
Adquire mau aspecto com o tempo.

Chamaecyparis lawsoniana 'Albo picta'

cipreste-de-lawson, cipreste-nevado, pinheiro-prateado

- Barreira física
- Em conjunto
- Isolado
- Vasos

Árvore ereta.

Chamaecyparis lawsoniana 'Lanei'

falso-cipreste

- Barreira física
- Cercas-vivas
- Isolado
- Vasos

Árvore ereta.

Chamaecyparis obtusa 'Cripssii'

cipreste-dourado, pinheiro-dourado

- Barreira física
- Em conjunto
- Isolado
- Vasos

Arbusto ereto. Desenvolve-se melhor em regiões frias.

Clerodendrum × speciosum

coração-sangrento

- Caramanchões
- Cercas e muros
- Pergolados e treliças

Arbusto sub-herbáceo escandente.
Não tolera baixas temperaturas.

Clerodendrum infortunatum

clerodendro-perfumado

- Cercas-vivas
- Isolado
- Maciços

Arbusto sub-herbáceo ereto perene. Crescimento rápido.

Clusia fluminensis

clúsia

- Cercas-vivas
- Isolado
- Vasos

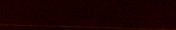

Árvore pequena. Necessita de podas frequentes, desenvolvendo flores quando não é podada. Desenvolve-se melhor em regiões litorâneas.

Clusia fluminensis 'Pedra azul'

clúsia-da-pedra-azul

- Barreira física
- Cercas-vivas
- Em conjunto
- Isolado
- Vasos

Árvore pequena. Necessita de podas frequentes, desenvolvendo flores quando não é podada. Indicada para trabalhos topiários.

Codiaeum variegatum

cróton, cróton-brasileirinho, folha-imperial, louro-variegato

- Barreira física
- Em conjunto
- Vasos

Arbusto sublenhoso.
Não tolera baixas temperaturas.

Cordyline fruticosa

coqueiro-de-vênus, cordiline, dracena-vermelha

- Cercas e muros
- Em conjunto
- Isolado
- Maciços
- Vasos

Arbusto sublenhoso ereto.
Diversidade de cor.

Cotoneaster buxifolius

buxinha-de-flor, buxinho

- Cercas e muros
- Cercas-vivas
- Vasos

Arbusto sub-herbáceo.

Crossandra nilotica

crossandra-amarela

- Cercas e muros
- Em conjunto
- Maciços

Subarbusto perene ereto.

Cycas revoluta

cica, palmeira-sagu, sagu

- Barreira física
- Em conjunto
- Isolado
- Vasos

Arbusto sublenhoso.
Crescimento lento.

Dracaena fragrans

coqueiro-de-vênus, dracena, pau-d'água

 6 m
 1 m

- Isolado
- Vasos

Arbusto ereto. Não tolera baixas temperaturas. Crescimento rápido.

Dracaena reflexa

canção-da-índia, dracena-malaia, pau-d'água, pleomele

- Cercas-vivas
- Isolado
- Maciços
- Vasos

 3 m   0,5 m

Arbusto sublenhoso ereto.
Crescimento rápido.

Dracaena reflexa var. angustifolia

dracena-de-madagascar, dracena-tricolor

- Cercas-vivas
- Isolado
- Maciços
- Vasos

Arbusto sublenhoso ereto.
Crescimento rápido.

Dracaena surculosa var. surculosa

dracena-bambu, dracena-confeti

- Em conjunto
- Maciços
- Vasos

Arbusto sub-herbáceo.
Não tolera baixas temperaturas.

Drepanostachyum falcatum

bambu-de-jardim, bambuza, bambuzinho-amarelo, bambuzinho-de-jardim

- Cercas e muros
- Cercas-vivas
- Em conjunto
- Maciços

Bambu ereto.
A pleno sol fica mais dourado.

Duranta erecta

durância, duranta, duranta-comum, fruta-de-jacu, violeteira

- Caramanchões
- Cercas-vivas
- Em conjunto
- Isolado

 6m 2m

Arbusto lenhoso escandente.
Planta rústica.

Duranta erecta 'Gold mound'

duranta, pingo-de-ouro, violeteira, violeteira-dourada

- Bordaduras
- Cercas-vivas
- Em conjunto

Arbusto lenhoso. Cor escurece na meia-sombra. Apresenta floração quando não podada; flores violetas, pendentes; e frutos alaranjados. Indicado para trabalhos topiários.

Eranthemum purpurascens

camarão-azul, salva-azul

- Cercas e muros
- Cercas-vivas
- Isolado

Arbusto sub-herbáceo perene.
Planta rústica. Crescimento rápido.

Eugenia sprengelii

eugênia, murta

- Cercas-vivas
- Isolado

Arbusto lenhoso. Florescimento mais vistoso em regiões frias. Indicado para trabalhos topiários.

Euonymus japonicus
evônimo

- Isolado
- Maciços
- Vasos

Arbusto lenhoso ereto.
Indicado para trabalhos topiários.

Euphorbia pulcherrima

bico-de-papagaio, flor-de-páscoa, folha-de-sangue, poinsétia

- Cercas-vivas
- Em conjunto
- Isolado
- Vasos

Arbusto sublenhoso.
Não tolera baixas temperaturas.

Ficus benjamina 'Variegata'

figueira-benjamina

- Isolado
- Vasos

Árvore. Raízes de crescimento vigoroso, rente ao solo, capazes de danificar calçadas e tubulações. Necessita de podas frequentes.

Ficus elastica

árvore-da-borracha, falsa-seringueira

- Isolado
- Vasos

Árvore. Não recomendada para uso em calçadas ou próximo a muros. Não tolera baixas temperaturas.

Ficus leprieurii

figueira-triangular

- Cercas-vivas
- Isolado
- Jardineiras e canteiros
- Vasos

Arbusto sublenhoso.
Necessita de podas frequentes.
Não tolera baixas temperaturas.

Ficus lyrata

ficus-lira, figueira, figueira-lira

- Isolado
- Vasos

Árvore. Não tolera baixas temperaturas.

Gardenia jasminoides

gardênia, jasmim-do-cabo

- Cercas-vivas
- Em conjunto
- Isolado

Arbusto sublenhoso ereto. Florescimento mais vistoso em regiões frias.

Grevillea banksii

grevílea-alemã, grevílea-de-jardim, grevílea-escarlate, grevílea-vermelha

- Isolado
- Vasos

Arbusto ereto. Crescimento rápido.

113

Hebe speciosa

verônica

- Cercas-vivas
- Em conjunto
- Isolado

 1,5 m 0,5 m

Arbusto sublenhoso ereto perene.

Hedychium coccineum

gengibre-vermelho, jasmim-vermelho

- Espelhos d'água e lagos
- Isolado

Arbusto herbáceo entouceirado ereto.
Não tolera baixas temperaturas.
Crescimento rápido.

Helianthus annuus

girassol

- Cercas e muros
- Isolado
- Jardineiras e canteiros
- Maciços
- Vasos

 2,5 m 0,3 m

Arbusto herbáceo anual.

Heptapleurum actinophyllum

árvore-guarda-chuva, árvore-polvo, cheflera

- Em conjunto
- Isolado
- Vasos

Arbusto sublenhoso.
Não tolera baixas temperaturas.

117

Heptapleurum arboricola

cheflera-pequena

- Isolado
- Vasos

Arbusto sublenhoso ereto. A forma 'Variegata' prefere meia-sombra. Crescimento rápido.

Hesperocyparis lusitanica

cedrinho, cedro, cedro-de-goa, cedro-do-bussaco, cerca-viva, cipreste, cipreste-de-portugal, cipreste-mexicano

- Barreira física
- Cercas-vivas
- Isolado
- Vasos

Árvore ereta.

Hesperocyparis macrocarpa

cupresso, cupresso-de-monterey, tuia

- Barreira física
- Em conjunto
- Isolado

Arbusto lenhoso. Crescimento lento.

Hibiscus rosa-sinensis

graxa-de-estudante, hibisco, hibisco-da-china, mimo-de-vênus

- Cercas-vivas
- Em conjunto
- Isolado

Arbusto lenhoso. Diversidade de cor. Não tolera baixas temperaturas.

Holmskioldia sanguinea

chapéu-chinês-vermelho, chapéu-de-mandarim, holmskioldia-vermelha

- Caramanchões
- Cercas e muros
- Isolado
- Jardineiras e canteiros
- Pergolados e treliças

5 m   2 m

Arbusto sublenhoso escandente.

Hydrangea macrophylla

hidrângea, hortênsia, rosa-do-japão

- Bordaduras
- Cercas-vivas
- Em conjunto
- Isolado
- Jardineiras e canteiros
- Maciços
- Vasos

Arbusto sublenhoso. Em solo ácido, flores ficam azuladas; em solo alcalino, róseas.

Iresine diffusa f. herbstii

coração-de-maria, coração-magoado, iresine

- Barreira física
- Cercas e muros
- Cercas-vivas
- Maciços

   1,5 m 0,5 m

Arbusto ereto. Não tolera geadas.

Ixora casei

ixora-rei

- Em conjunto
- Isolado

Arbusto ereto. Desenvolve-se melhor em regiões litorâneas. Não tolera baixas temperaturas.

Ixora chinensis

ixora-chinesa, ixora-vermelha

- Bordaduras
- Cercas-vivas
- Em conjunto
- Isolado
- Jardineiras e canteiros
- Maciços
- Vasos

Arbusto ereto.
Não tolera baixas temperaturas.

Ixora coccinea

ixora, ixora-coral

- Barreira física
- Bordaduras
- Cercas e muros
- Cercas-vivas
- Em conjunto
- Isolado
- Vasos

Arbusto lenhoso ereto.
Não tolera baixas temperaturas.

Ixora undulata

ixora-rosa

- Barreira física
- Cercas-vivas
- Em conjunto
- Isolado

 2 m 1 m

Arbusto ereto.
Não tolera baixas temperaturas.

Jasminum mesnyi

jasmim-amarelo, jasmim-primulino

- Cercas e muros
- Cercas-vivas

Arbusto sub-herbáceo escandente. Florescimento mais vistoso em regiões frias.

Jasminum multiflorum

jasmim-da-china, jasmim-neve

- Cercas e muros
- Cercas-vivas

 3 m 1 m

Arbusto sublenhoso.
Não tolera baixas temperaturas.

Juniperus chinensis 'Kaizuka'

kaizuka

- Cercas-vivas
- Isolado
- Vasos

Árvore dioica. Crescimento lento.

Justicia floribunda

farroupilha

- Cercas e muros
- Isolado

Subarbusto ereto. Florescimento mais vistoso em regiões frias.

Kopsia fruticosa

cópsia, vinca-arbustiva

- Cercas e muros
- Cercas-vivas
- Isolado

Arbusto sublenhoso escandente.
Não tolera baixas temperaturas.
Necessita de podas frequentes.

Lantana camara

cambará-de-cheiro, cambará-miúdo, cambará-verdadeiro, cambarazinho

- Bordaduras
- Cercas e muros
- Cercas-vivas
- Isolado
- Jardineiras e canteiros
- Maciços

Arbusto lenhoso perene. Diversidade de cor. Crescimento rápido, potencialmente invasora.

Leea rubra

leia, leia-alaranjada

- Cercas e muros
- Cercas-vivas
- Em conjunto
- Isolado
- Vasos

Arbusto sub-herbáceo entouceirado ereto. Não tolera baixas temperaturas.

135

Ligustrum sinense 'Variegata'

alfeneiro-da-china, ligustrinho, ligustro-arbustivo, ligustro-chinês

- Barreira física
- Cercas e muros
- Cercas-vivas
- Maciços

Arbusto sublenhoso.
Crescimento rápido.
Indicado para trabalhos topiários.

Malvaviscus arboreus

hibisco-colibri, malvavisco

 4 m 1 m

- Barreira física
- Cercas e muros
- Cercas-vivas
- Isolado
- Maciços

Arbusto lenhoso ereto.
Flor muito durável.
Não tolera baixas temperaturas.

Monstera deliciosa

abacaxi-do-reino, banana-do-mato, ceriman, costela-de-adão, monstera

- Bordaduras
- Cercas e muros
- Em conjunto
- Maciços
- Vasos

Subarbusto perene.

Murraya paniculata

dama-da-noite, jasmim-laranja, murta, murta-da-índia, murta-de-cheiro

- Barreira física
- Cercas e muros
- Cercas-vivas

Arbusto lenhoso perene ereto.
Não tolera baixas temperaturas.

Musa acuminata

bananeira

- Cercas e muros
- Isolado

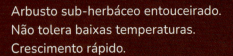

Arbusto sub-herbáceo entouceirado.
Não tolera baixas temperaturas.
Crescimento rápido.

Musa coccinea

bananeira-florida, bananeira-vermelha

- Cercas-vivas
- Em conjunto
- Isolado

Subarbusto ereto entouceirado.
Não tolera baixas temperaturas.

Musa ornata

bananeira-em-flor, bananeira-ornamental

- Isolado

 3 m
 1 m

Arbusto ereto entouceirado.
Não tolera geadas.
Crescimento rápido.

Musa ornata 'Royal'

banana-royal, bananeira-ornamental

- Isolado

Arbusto ereto entouceirado.
Não tolera baixas temperaturas.
Crescimento rápido.

Mussaenda × philippica 'Doña luz'

mussaenda-rosa

- Em conjunto
- Isolado
- Maciços

Arbusto ereto. Brácteas e flores muito duráveis.

Mussaenda × *philippica* 'Queen sirikit'

mussaenda-rosa

- Cercas-vivas
- Em conjunto
- Isolado

Arbusto lenhoso ereto. Planta rústica. Não tolera baixas temperaturas.

Mussaenda erythrophylla

mussaenda-vermelha, mussaenda-vermelha-trepadeira

- Caramanchões
- Cercas e muros
- Isolado
- Pergolados e treliças

Arbusto lenhoso ereto.

Mussaenda frondosa

mussaenda-frondosa

- Barreira física
- Cercas e muros
- Cercas-vivas
- Isolado

Arbusto ereto.

Nandina domestica

avenca-japonesa, bambu-celeste, bambu-do-céu, nandina

- Cercas e muros
- Em conjunto
- Isolado
- Vasos

Arbusto sublenhoso ereto. Folhagem fica avermelhada entre o outono e o inverno.

 3 m 1,5 m

Nerium oleander

espirradeira, oleandro

- Cercas-vivas
- Isolado

Arbusto lenhoso. Diversidade de cor.

Odontonema tubaeforme

odontonema

- Cercas e muros
- Cercas-vivas
- Em conjunto

Arbusto ereto.

Pachystachys lutea

camarão-amarelo, planta-camarão

- Bordaduras
- Cercas-vivas
- Em conjunto
- Maciços

Arbusto sublenhoso ereto.
Não tolera baixas temperaturas.

Pachystachys spicata

camarão-vermelho

- Cercas-vivas
- Em conjunto
- Isolado
- Maciços

 3 m 1 m

Arbusto ereto.
Necessita de podas anuais.

Pelargonium × hybridum

gerânio, gerânio-ferradura

- Bordaduras
- Jardineiras e canteiros
- Maciços
- Vasos

Subarbusto. Diversidade de cor.

Philodendron bipinnatifidum

banana-de-imbê, banana-de-macaco, banana-de-morcego, guaimbê, imbê

- Cercas-vivas
- Em conjunto
- Isolado
- Maciços
- Vasos

Arbusto escandente.

Philodendron speciosum

filodendro, filodendro-imperial

- Isolado
- Maciços
- Vasos

Arbusto escandente.
Não tolera baixas temperaturas.

155

Philodendron undulatum
guaiambê-da-folha-ondulada

- Em conjunto
- Espelhos d'água e lagos
- Isolado
- Maciços

 3 m   1 m

Arbusto perene herbáceo. Desenvolve-se melhor em regiões de temperaturas mais amenas.

Philodendron xanadu

filodendro-xanadu, imbê-xanadu, xanadu

- Em conjunto
- Isolado
- Jardineiras e canteiros
- Maciços

Subarbusto ereto perene epífito.

Phyllostachys aurea

bambu-de-jardim, bambu-dourado, bambu-vara-de-pescar

- Isolado
- Vasos

Bambu ereto. Crescimento rápido.

Phyllostachys edulis

bambu-mossô

 14 m 2m

- Cercas e muros
- Em conjunto
- Isolado

Bambu entouceirado ereto.
Com amarração, o caule cria curvas.

Platycladus orientalis 'Rosedalis'

árvore-chinesa-da-vida, tuia-da-china

- Cercas-vivas
- Em conjunto
- Isolado
- Maciços
- Vasos

Arbusto lenhoso.

Pleioblastus simonii

bambu-metake

- Cercas e muros
- Cercas-vivas

Arbusto sublenhoso ereto.
Planta rústica. Crescimento rápido.

Plerandra elegantissima

arália, arália-elegante, falsa-arália

- Cercas e muros
- Cercas-vivas
- Em conjunto
- Isolado
- Vasos

Arbusto lenhoso. Crescimento lento.

Pleroma gaudichaudianum

quaresmeira-arbustiva

- Em conjunto
- Isolado
- Jardineiras e canteiros

Arbusto lenhoso perene. Tolera terrenos alagadiços ou brejosos. Não tolera baixas temperaturas.

Pleroma heteromallum

orelha-de-onça

- Em conjunto
- Isolado
- Maciços

Arbusto sublenhoso perene.
Planta rústica.

Pleroma mutabile 'Nana'

cuipeúna, manacá-da-serra, manacá-da-serra-anão

- Cercas e muros
- Em conjunto
- Isolado

Árvore. Floresce rapidamente.

Plumbago auriculata

bela-emília, dentilária, jasmim-azul, plumbago

- Caramanchões
- Cercas e muros
- Cercas-vivas
- Em conjunto
- Isolado
- Jardineiras e canteiros
- Vasos

Arbusto sublenhoso ereto escandente. Crescimento rápido.

Podocarpus macrophyllus 'Maki'

pinheiro-budista, pinheiro-de-buda, podocarpo

- Cercas e muros
- Isolado
- Vasos

Arbusto lenhoso. Crescimento rápido. Indicado para trabalhos topiários.

Polyscias filicifolia

arália-samambaia

- Cercas-vivas
- Isolado
- Maciços
- Vasos

Arbusto sublenhoso ereto.
Não tolera baixas temperaturas.

Polyscias fruticosa

árvore-da-felicidade, árvore-da-felicidade-fêmea

 2,5 m 0,5 m

- Cercas-vivas
- Isolado
- Maciços
- Vasos

Arbusto lenhoso ereto.
Não tolera baixas temperaturas.
Necessita de proteção contra ventos.

Polyscias guilfoylei

arália-cortina, árvore-da-felicidade, árvore-da-felicidade-macho

- Cercas-vivas
- Isolado
- Maciços
- Vasos

Arbusto lenhoso ereto.
Não tolera baixas temperaturas.

Ravenala madagascariensis

árvore-do-viajante

- Barreira física
- Isolado

Árvore sublenhosa entouceirada.

Rhododendron simsii

azaleia, azaleia-belga

- Barreira física
- Bordaduras
- Cercas e muros
- Cercas-vivas
- Maciços
- Vasos

Arbusto lenhoso ereto. Diversidade de cor. Prefere solos ácidos.

Rosa chinensis

minirrosa, rosa-miniatura, roseira-miniatura

- Bordaduras
- Jardineiras e canteiros
- Vasos

Arbusto sublenhoso perene com espinhos.

Rosa gallica

rosa, rosa-arbustiva, roseira, roseira-grandiflora

- Isolado
- Jardineiras e canteiros
- Vasos

Arbusto sublenhoso perene com espinhos. Diversidade de cor.

Rosenbergiodendron formosum

estrela-do-cerrado, estrela-do-norte

- Barreira física
- Cercas-vivas
- Em conjunto
- Isolado

Arbusto lenhoso ereto com espinhos. Não tolera baixas temperaturas.

Rotheca myricoides

arbusto-borboleta, borboleta-azul, clerodendro-africano, clerodendro-azul

- Cercas e muros
- Isolado

Arbusto sub-herbáceo ereto.
Não tolera baixas temperaturas.

Rothmannia longiflora

randia, randia-africana, randia-maculada

- Cercas e muros
- Em conjunto
- Isolado

Arbusto lenhoso ereto com espinhos.
Não tolera baixas temperaturas.

Ruellia chartacea

ruélia, ruélia-do-amazonas, ruélia-vermelha

- Em conjunto
- Isolado
- Vasos

Arbusto sublenhoso perene. Planta rústica. Não tolera baixas temperaturas.

Russelia equisetiformis

flor-de-coral, russélia

- Cercas-vivas
- Isolado
- Jardineiras e canteiros
- Jardins verticais
- Maciços
- Vasos

Subarbusto entouceirado pendente perene. Diversidade de cor.

Salvia leucantha

sálvia-bicolor, sálvia-branca, sálvia-do-méxico

- Bordaduras
- Em conjunto
- Isolado
- Vasos

Subarbusto ereto perene.

Sanchezia oblonga
sanquésia

 4 m
 0,5 m

- Cercas e muros
- Em conjunto
- Isolado
- Vasos

Arbusto ereto. Crescimento rápido.

Senna polyphylla

cássia-baiana, cássia-dourada

- Cercas e muros
- Em conjunto
- Isolado

  3 m 1 m

Arbusto lenhoso ereto.
Não tolera baixas temperaturas.

Spiraea cantoniensis

buquê-de-noiva

- Caramanchões
- Cercas-vivas
- Isolado
- Maciços

Arbusto ereto perene. Florescimento mais vistoso em regiões frias.

Strelitzia alba

ave-do-paraíso-branca, estrelízia-branca

- Cercas e muros
- Cercas-vivas
- Isolado

Árvore sublenhosa entouceirada ereta. Não tolera baixas temperaturas.

Thunbergia erecta

manto-de-rei, tumbérgia-azul-arbustiva

- Bordaduras
- Cercas e muros
- Cercas-vivas
- Isolado
- Maciços

Arbusto sublenhoso ereto.

Viburnum suspensum

viburno, viburno-da-flor-pendente

- Cercas e muros
- Cercas-vivas
- Isolado
- Maciços

 3 m 0,5 m

Arbusto. Florescimento mais vistoso nas regiões mais frias.

Yucca gigantea

iuca-elefante, iuca-mansa, iuca-sem-espinho, pita, vela-da-pureza

- Cercas-vivas
- Em conjunto
- Isolado

Arbusto sublenhoso ereto.
Não tolera baixas temperaturas.

BROMÉLIAS

Aechmea blanchetiana

aequimea, bromélia

- Em conjunto
- Isolado
- Jardins de pedra
- Maciços
- Vasos

0,9 m 0,8 m

Bromélia herbácea epífita perene. Não tolera baixas temperaturas.

Aechmea bromeliifolia

aequimea, bromélia

- Em conjunto
- Isolado
- Jardins de pedra
- Maciços
- Vasos

Bromélia herbácea epífita perene.
Não tolera baixas temperaturas.

Aechmea chantinii

aequimea, bromélia-zebra

- Em conjunto
- Isolado
- Jardins de pedra
- Maciços
- Vasos

0,8 m   0,6 m

Bromélia herbácea epífita perene.
Não tolera baixas temperaturas.

Aechmea chantinii 'Black'

aequimea, bromélia-zebra

- Em conjunto
- Isolado
- Jardins de pedra
- Maciços
- Vasos

Bromélia herbácea epífita perene.
Não tolera baixas temperaturas.

Aechmea correia-araujoi

aequimea, bromélia

- Em conjunto
- Jardins de pedra
- Maciços
- Vasos

   0,3 m 0,4 m

Bromélia herbácea epífita perene.
Não tolera baixas temperaturas.

Aechmea fasciata

aequimea, bromélia, vaso-prateado

- Em conjunto
- Isolado
- Jardins de pedra
- Maciços
- Vasos

Bromélia herbácea epífita perene.
Inflorescência muito durável.
Não tolera baixas temperaturas.

Aechmea fulgens × ramosa 'Festival'

aequimea, bromélia

- Em conjunto
- Jardins de pedra
- Maciços
- Vasos

 0,6 m 0,7 m

Bromélia herbácea epífita perene.
Não tolera baixas temperaturas.

Aechmea gamosepala 'Variegata'

aequimea, bromélia

- Em conjunto
- Jardins de pedra
- Maciços
- Vasos

Bromélia herbácea epífita perene.
Não tolera baixas temperaturas.

Aechmea orlandiana

aequimea, bromélia

- Em conjunto
- Isolado
- Jardins de pedra
- Maciços
- Vasos

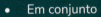

 0,3 m
 0,4 m

Bromélia herbácea epífita perene.
Não tolera baixas temperaturas.

Aechmea orlandiana 'Belloi'

aequimea, bromélia

 0,4 m
 0,5 m

- Em conjunto
- Jardins de pedra
- Maciços
- Vasos

Bromélia herbácea epífita perene.
Não tolera baixas temperaturas.

Aechmea pineliana

aequimea, bromélia

- Em conjunto
- Jardins de pedra
- Maciços
- Vasos

Bromélia herbácea epífita perene.
Não tolera baixas temperaturas.

Aechmea rubens

aequimea, bromélia

 0,4 m 0,5 m

- Em conjunto
- Jardins de pedra
- Maciços
- Vasos

Bromélia herbácea epífita perene.
Não tolera baixas temperaturas.

201

Aechmea smithorum

aequimea, bromélia

- Em conjunto
- Jardins de pedra
- Maciços
- Vasos

Bromélia herbácea epífita perene.
Não tolera baixas temperaturas.

Aechmea vallerandii

aequimea, bromélia

- Em conjunto
- Jardins de pedra
- Maciços
- Vasos

Bromélia herbácea epífita perene.
Não tolera baixas temperaturas.

Alcantarea imperialis

bromélia-gigante, bromélia-imperial

- Em conjunto
- Isolado
- Maciços
- Vasos

Bromélia herbácea ereta. Não tolera baixas temperaturas.

Ananas comosus 'Bracteatus'

abacaxi-ornamental, abacaxi-vermelho, ananás-de-cerca, ananás-ornamental, ananás-vermelho

- Barreira física
- Em conjunto
- Isolado
- Maciços

Bromélia herbácea perene com espinhos. Não tolera baixas temperaturas.

Ananas comosus 'Comosus'

ananás

- Barreira física
- Isolado
- Maciços

Bromélia herbácea perene.
Não tolera baixas temperaturas.

Billbergia hybridus 'Hallelujah'

bilbérgia, bromélia

- Em conjunto
- Jardins de pedra
- Maciços
- Vasos

Bromélia herbácea epífita perene.
Não tolera baixas temperaturas.

Billbergia pyramidalis

bilbérgia, bromélia

- Em conjunto
- Jardins de pedra
- Maciços
- Vasos

Bromélia herbácea epífita.
Não tolera baixas temperaturas.

Canistropsis billbergioides

bromélia

- Em conjunto
- Jardins de pedra
- Maciços
- Vasos

Bromélia herbácea epífita perene.
Não tolera baixas temperaturas.

Canistropsis seidelii

bromélia

- Em conjunto
- Jardins de pedra
- Maciços
- Vasos

 0,4 m 0,5 m

Bromélia herbácea epífita perene.
Não tolera baixas temperaturas.

Cryptanthus bivittatus

bromélia

 0,5 m 0,3 m

- Bordaduras
- Em conjunto
- Maciços
- Vasos

Bromélia herbácea perene.
Não tolera baixas temperaturas.

Cryptanthus warren-loosei

bromélia

- Bordaduras
- Em conjunto
- Maciços
- Vasos

Bromélia herbácea perene.
Não tolera baixas temperaturas.

Cryptanthus zonatus
bromélia

- Bordaduras
- Em conjunto
- Maciços
- Vasos

Bromélia herbácea epífita perene.
Não tolera baixas temperaturas.

Cryptanthus zonatus 'Fosterianus'

bromélia

- Bordaduras
- Em conjunto
- Maciços
- Vasos

Bromélia herbácea perene.
Não tolera baixas temperaturas.

Deuterocohnia meziana

bromélia

- Barreira física
- Em conjunto
- Isolado
- Maciços

Bromélia herbácea perene com espinhos. Não tolera baixas temperaturas.

Guzmania conifera

bromélia, gusmânia

- Em conjunto
- Jardins verticais
- Maciços
- Vasos

Bromélia herbácea perene.
Não tolera baixas temperaturas.

Guzmania dissitiflora

bromélia, gusmânia

- Em conjunto
- Jardins verticais
- Maciços
- Vasos

Bromélia herbácea epífita perene.
Não tolera baixas temperaturas.

Guzmania lingulata

bromélia, gusmânia

- Em conjunto
- Jardins verticais
- Maciços
- Vasos

Bromélia herbácea epífita perene.
Não tolera baixas temperaturas.

Guzmania lingulata × conifera **'Torch'**

bromélia, gusmânia

- Em conjunto
- Jardins verticais
- Maciços
- Vasos

Bromélia herbácea perene.
Não tolera baixas temperaturas.

Guzmania lingulata var. *lingulata*

bromélia, gusmânia

- Em conjunto
- Jardins verticais
- Maciços
- Vasos

Bromélia herbácea epífita perene.
Não tolera baixas temperaturas.

Guzmania lingulata var. 'Minor'

bromélia, gusmânia

- Em conjunto
- Jardins verticais
- Maciços
- Vasos

Bromélia herbácea epífita perene.
Não tolera baixas temperaturas.

221

Guzmania sanguinea

bromélia, bromélia-sanguínea, gusmânia

- Bordaduras
- Em conjunto
- Jardins verticais
- Maciços
- Vasos

Bromélia herbácea epífita perene.
Não tolera baixas temperaturas.
Necessita de luz difusa.

   0,3 m 0,4 m

Guzmania scherzeriana

bromélia, gusmânia

- Em conjunto
- Jardins verticais
- Maciços
- Vasos

Bromélia herbácea epífita perene.
Não tolera baixas temperaturas.

Hohenbergia correia-arauji

bromélia

- Em conjunto
- Jardins de pedra
- Maciços
- Vasos

Bromélia herbácea epífita litófita perene. Desenvolve-se melhor nas regiões litorâneas. Não tolera baixas temperaturas.

Neoregelia camorimiana

bromélia, neoregélia

- Em conjunto
- Jardins de pedra
- Jardins verticais
- Maciços
- Vasos

Bromélia herbácea epífita perene. Não tolera baixas temperaturas.

Neoregelia carolinae

bromélia, neoregélia

- Em conjunto
- Jardins de pedra
- Jardins verticais
- Vasos

 0,2 m 0,3 m

Bromélia herbácea epífita perene.
Não tolera baixas temperaturas.

Neoregelia carolinae 'Tricolor"

bromélia, neoregélia

- Em conjunto
- Jardins de pedra
- Jardins verticais
- Maciços
- Vasos

Bromélia herbácea epífita perene.
Não tolera baixas temperaturas.

Neoregelia chlorosticta

bromélia, neoregélia

- Em conjunto
- Jardins de pedra
- Jardins verticais
- Vasos

   0,3 m 0,4 m

Bromélia herbácea epífita perene.
Não tolera baixas temperaturas.

Neoregelia compacta

bromélia, bromélia-de-ninho, neoregélia

 0,3 m 0,4 m

- Em conjunto
- Jardins de pedra
- Jardins verticais
- Maciços
- Vasos

Bromélia herbácea epífita perene.
Não tolera baixas temperaturas.

Neoregelia compacta 'Bossa nova'

bromélia, neoregélia

- Em conjunto
- Jardins de pedra
- Jardins verticais
- Maciços
- Vasos

 0,3 m
 0,4 m

Bromélia herbácea epífita perene.
Não tolera baixas temperaturas.

Neoregelia compacta 'Variegata'

bromélia, neoregélia

- Em conjunto
- Jardins de pedra
- Jardins verticais
- Maciços
- Vasos

Bromélia herbácea epífita perene.
Não tolera baixas temperaturas.

Neoregelia fosteriana

bromélia, neoregélia

- Em conjunto
- Jardins de pedra
- Jardins verticais
- Maciços
- Vasos

0,3 m 0,4 m

Bromélia herbácea epífita perene.
Não tolera baixas temperaturas.

Neoregelia johannis

bromélia, neoregélia

- Em conjunto
- Jardins de pedra
- Jardins verticais
- Maciços
- Vasos

Bromélia herbácea epífita perene.
Não tolera baixas temperaturas.

Neoregelia macwilliamsii 'Sheba'

bromélia, neoregélia

- Em conjunto
- Jardins de pedra
- Jardins verticais
- Maciços
- Vasos

Bromélia herbácea epífita perene.
Não tolera baixas temperaturas.

Neoregelia marmorata

bromélia, neoregélia

- Em conjunto
- Jardins de pedra
- Jardins verticais
- Maciços
- Vasos

Bromélia herbácea epífita perene.
Não tolera baixas temperaturas.

Neoregelia sp. 'Fireball'

bromélia, neoregélia

- Bordaduras
- Em conjunto
- Jardins de pedra
- Jardins verticais
- Maciços
- Vasos

 0,3 m 0,3 m

Bromélia herbácea epífita perene.
Não tolera baixas temperaturas.

Neoregelia sp. 'Raphael'

bromélia, neoregélia

- Em conjunto
- Jardins de pedra
- Jardins verticais
- Maciços
- Vasos

Bromélia herbácea epífita perene.
Não tolera baixas temperaturas.

Nidularium innocentii

bromélia

- Em conjunto
- Maciços
- Vasos

  0,4 m 0,6 m

Bromélia herbácea epífita perene.
Não tolera baixas temperaturas.

Nidularium rutilans 'Variegata'

bromélia

- Em conjunto
- Maciços
- Vasos

Bromélia herbácea epífita perene. Não tolera baixas temperaturas.

Tillandsia guatemalensis

tilândsia-azul

- Em conjunto
- Isolado
- Jardins verticais
- Maciços
- Vasos

Bromélia herbácea epífita perene.
Não tolera baixas temperaturas.

 0,3 m 0,2 m

Tillandsia usneoides

barba-de-pau, barba-de-velho

- Em conjunto
- Jardins verticais

Bromélia herbácea aérea epífita perene. Não tolera umidade. Precisa estar presa a algum substrato. Não tolera baixas temperaturas.

Vriesea bituminosa

bromélia, vriésia

- Bordaduras
- Em conjunto
- Jardins verticais
- Maciços
- Vasos

Bromélia herbácea epífita perene. Não tolera baixas temperaturas.

Vriesea carinata

bromélia, vriésia

- Bordaduras
- Em conjunto
- Jardins verticais
- Maciços
- Vasos

Bromélia herbácea epífita perene.
Não tolera baixas temperaturas.

Vriesea carinata × *barilletii* 'Mariae'

bromélia, vriésia

- Em conjunto
- Jardins verticais
- Maciços
- Vasos

Bromélia herbácea epífita perene.
Não tolera baixas temperaturas.

Vriesea ensiformis

bromélia, vriésia

- Em conjunto
- Jardins verticais
- Maciços
- Vasos

Bromélia herbácea epífita perene. Não tolera baixas temperaturas.

Vriesea fenestralis

bromélia, vriésia

- Em conjunto
- Jardins verticais
- Maciços
- Vasos

 0,3 m 0,4 m

Bromélia herbácea epífita perene.
Não tolera baixas temperaturas.

Vriesea fosteriana

bromélia, vriésia

- Em conjunto
- Jardins verticais
- Maciços
- Vasos

Bromélia herbácea epífita perene.
Não tolera baixas temperaturas.

Vriesea fosteriana var. seideliana

bromélia, vriésia

- Em conjunto
- Jardins verticais
- Maciços
- Vasos

Bromélia herbácea epífita perene.
Não tolera baixas temperaturas.

Vriesea gigantea

bromélia, vriésia

 0,9 m
 1 m

- Em conjunto
- Jardins verticais
- Maciços
- Vasos

Bromélia herbácea epífita perene.
Não tolera baixas temperaturas.

Vriesea hieroglyphica

bromélia, vriésia

- Em conjunto
- Jardins verticais
- Maciços
- Vasos

Bromélia herbácea epífita perene.
Não tolera baixas temperaturas.

Vriesea saundersii

bromélia, vriésia

- Em conjunto
- Jardins verticais
- Maciços
- Vasos

Bromélia herbácea epífita perene. Não tolera baixas temperaturas.

Vriesea splendens × *glutinosa* 'Splendide'

bromélia, vriésia

- Em conjunto
- Jardins verticais
- Maciços
- Vasos

   0,5 m 0,6 m

Bromélia herbácea epífita perene.
Não tolera baixas temperaturas.

Wittrockia superba

bromélia

- Em conjunto
- Maciços
- Vasos

Bromélia herbácea epífita perene. Não tolera baixas temperaturas.

Adiantum raddianum

avenca, avenca-delta, avencão

- Em conjunto
- Jardineiras e canteiros
- Jardins verticais
- Vasos

 0,4 m
 0,3 m

Samambaia herbácea perene.
Necessita de proteção contra ventos.
Manter umedecida.

Aeschynanthus pulcher

flor-batom, planta-batom

- Jardineiras e canteiros
- Jardins verticais
- Vasos

Herbácea epífita perene, pendente ou reptante. Não tolera geadas.

Agapanthus africanus

agapanto

- Bordaduras
- Cercas e muros
- Em conjunto
- Jardineiras e canteiros

 1 m 0,6 m

Herbácea ereta perene.

Ageratum houstonianum

agerato, celestina

- Bordaduras
- Em conjunto
- Jardineiras e canteiros
- Maciços
- Vasos

Herbácea anual ereta. Florescimento mais vistoso em regiões frias.

Aglaonema commutatum 'Pseudobracteatum'

café-de-salão-dourado, sempre-viva-chinesa

- Em conjunto
- Jardineiras e canteiros
- Maciços
- Vasos

Herbácea ereta perene. Não tolera baixas temperaturas.

 0,4 m 0,2 m

Alcea rosea

alteia, malva-rosa

 1,5 m
 0,6 m

- Cercas e muros
- Em conjunto
- Isolado

Herbácea bienal ereta.

Alocasia × *mortfontanensis*

punhal-malaio

- Cercas e muros
- Em conjunto
- Isolado
- Jardins verticais

 1,5 m 0,8 m

Herbácea perene ereta.
Necessita de proteção contra ventos.
Não tolera baixas temperaturas.

Alocasia macrorrhizos

orelha-de-elefante-gigante, taiá-rio-branco, taioba

- Em conjunto
- Isolado
- Maciços
- Vasos

Herbácea perene ereta. Tolera terrenos alagadiços ou brejosos. Não tolera baixas temperaturas.

Alpinia purpurata

alpínia, gengibre-vermelho

- Bordaduras
- Cercas e muros
- Em conjunto
- Isolado

Herbácea entouceirada ereta. Desenvolve-se melhor nas regiões litorâneas. Crescimento rápido. Não tolera baixas temperaturas.

 2m
 1m

Alpinia purpurata 'Rosea'

alpínia-rosa, gengibre-rosa

- Bordaduras
- Cercas e muros
- Em conjunto
- Isolado

Herbácea entouceirada ereta. Desenvolve-se melhor nas regiões litorâneas. Crescimento rápido. Não tolera baixas temperaturas.

Alpinia zerumbet

alpínia, gengibre-concha, louro-de-baiano

- Cercas e muros
- Cercas-vivas
- Em conjunto
- Isolado

Herbácea entouceirada ereta.
Não tolera baixas temperaturas.

Alternanthera sessilis 'Rubra'

espinafre-da-amazônia, periquito

- Bordaduras
- Em conjunto
- Escadas
- Forrações e gramados
- Vasos

Herbácea perene. Tolera ambientes alagados e é utilizada também em aquários. Planta comestível.

Anthurium scherzerianum

antúrio-rabinho-de-peixe, antúrio-rabinho-de-porco, flor-flamingo

- Em conjunto
- Jardineiras e canteiros
- Jardins verticais
- Vasos

Herbácea perene.
Não tolera baixas temperaturas.

Antirrhinum majus

boca-de-leão

 0,7 m 0,5 m

- Bordaduras
- Jardineiras e canteiros
- Maciços

Herbácea bienal ereta. Diversidade de cor. Exige renovação anual.

Aphelandra squarrosa

afelandra, afelandra-zebra, espiga-dourada

- Bordaduras
- Jardineiras e canteiros
- Maciços
- Vasos

   0,9 m 0,3 m

Herbácea ereta perene. Desenvolve-se melhor em regiões litorâneas.

Argyranthemum frutescens

crisântemo, margarida, margarida-de-paris, margarida-dos-floristas

- Cercas-vivas
- Em conjunto
- Vasos

Herbácea perene. Discos com flores de pétalas amareladas ou brancas. Crescimento rápido. Desenvolve-se melhor em regiões frias.

Asparagus densiflorus 'Myersii'

aspargo-pluma, aspargo-rabo-de-gato, rabo-de-raposa

- Jardineiras e canteiros
- Jardins verticais
- Vasos

 0,7 m   0,5 m

Herbácea. Crescimento rápido.

Asparagus densiflorus 'Sprengeri'

aspargo, aspargo-ornamental, aspargo-pendente

- Bordaduras
- Jardineiras e canteiros
- Jardins verticais
- Vasos

Herbácea. Crescimento rápido.

Asplenium nidus

asplênio, asplênio-ninho-de-passarinho, ninho-de-passarinho

- Jardineiras e canteiros
- Jardins verticais
- Vasos

 0,9 m 0,3 m

Samambaia herbácea.
Não tolera baixas temperaturas.
Crescimento lento.

Aster ageratoides

margaridinha

- Bordaduras
- Forrações e gramados
- Jardineiras e canteiros
- Vasos

Herbácea ereta perene.

Asystasia gangetica

asistásia-branca, coromandel

- Bordaduras
- Jardineiras e canteiros
- Vasos

Herbácea ereta perene. Flores de cor amarelo-creme a lilás. Desenvolve-se melhor em regiões úmidas.
Não tolera baixas temperaturas.
Crescimento rápido.

 0,5 m 0,3 m

Begonia cucullata

azedinha-do-brejo, begônia, begônia-cerosa

- Bordaduras
- Jardineiras e canteiros
- Maciços
- Vasos

Herbácea ereta perene. Diversidade de cor. Exige renovação anual.

Brachyscome multifida

margarida-das-pedras

- Bordaduras
- Escadas
- Jardineiras e canteiros
- Jardins de pedra
- Maciços
- Vasos

Herbácea entouceirada perene semiereta.

 0,3 m 0,2 m

Brachyscome multifida 'Lemon mist'

margarida-das-pedras-amarela

 0,3 m   0,2 m

- Bordaduras
- Escadas
- Jardineiras e canteiros
- Jardins de pedra
- Maciços
- Vasos

Herbácea entouceirada perene semiereta.

Brassica oleracea 'Acephala'

couve-ornamental, repolho-ornamental

- Bordaduras
- Em conjunto
- Jardineiras e canteiros
- Maciços
- Vasos

 0,3 m 0,2 m

Herbácea perene.

Browallia americana

brovália

- Bordaduras
- Em conjunto
- Jardineiras e canteiros
- Maciços

Herbácea anual ereta.

Caladium bicolor

caládio, coração-de-jesus, tajá, tinhorão

- Bordaduras
- Em conjunto
- Jardineiras e canteiros
- Maciços
- Vasos

Herbácea ereta. Diversidade de cor.

Calceolaria × *herbeohybrida*

calceolária, chinelinho-de-madame, sapatinho-vênus

 0,3 m 0,2 m

- Bordaduras
- Jardineiras e canteiros
- Vasos

Herbácea perene.
Não tolera baixas temperaturas.

Canna × hybrida

bananeirinha-da-índia, bananeirinha-de-jardim, beri, biri, cana-da-índia

- Em conjunto
- Isolado
- Maciços

 1,5 m   1 m

Herbácea perene. Diversidade de cor. Não tolera baixas temperaturas.

Canna paniculata

beri, biri, cana-da-índia

 1,6 m 0,8 m

- Cercas e muros
- Cercas-vivas
- Em conjunto
- Isolado

Herbácea perene. Desenvolve-se melhor em regiões litorâneas. Não tolera baixas temperaturas. Exige renovação bienal.

Capsicum annuum 'Conoides'

pimenta-ornamental

- Bordaduras
- Jardineiras e canteiros
- Vasos

Herbácea anual ereta.
Pimenta comestível.

Celosia argentea

celósia, celósia-plumosa, crista-de-galo-plumosa, crista-plumosa, suspiro

0,6 m 0,3 m

- Em conjunto
- Isolado
- Vasos

Herbácea anual ereta.
Não tolera baixas temperaturas.

Centaurea gymnocarpa

centáurea-veludo

- Bordaduras
- Em conjunto
- Vasos

 0,6 m   0,3 m

Herbácea ereta perene.

Chaenostoma cordatum

bacopa

 0,4 m   0,2 m

- Forrações e gramados
- Jardineiras e canteiros
- Maciços
- Vasos

Herbácea perene pendente.

Chlorophytum comosum

clorofito, gravatinha, paulistinha

- Bordaduras
- Em conjunto
- Jardineiras e canteiros
- Jardins verticais
- Maciços
- Vasos

Herbácea.

Chrysanthemum × morifolium

crisântemo, crisântemo-da-china, crisântemo-do-japão, monsenhor

- Bordaduras
- Cercas-vivas
- Maciços
- Vasos

Herbácea perene ereta.
Diversidade de cor.

Coleus scutellarioides

coléus, coração-magoado

- Bordaduras
- Em conjunto
- Jardineiras e canteiros
- Jardins verticais
- Maciços

Herbácea perene ereta.
Adquire mau aspecto com o tempo.
Não tolera baixas temperaturas.

Colocasia esculenta

inhame-preto

- Espelhos d'água e lagos
- Isolado
- Vasos

Herbácea perene ereta aquática.
Não tolera baixas temperaturas.
Crescimento rápido.

Colocasia esculenta var. *illustris*

inhame-imperial, tinhorão-preto

- Espelhos d'água e lagos
- Isolado

Herbácea perene ereta. Desenvolve-se melhor em regiões úmidas. Não tolera baixas temperaturas. Crescimento rápido.

Colocasia fontanesii

inhame-do-talo-roxo

 1,2 m 0,5 m

- Em conjunto
- Espelhos d'água e lagos
- Isolado
- Maciços
- Vasos

Herbácea perene ereta.
Não tolera baixas temperaturas.

Columnea microcalyx

columeia, coluneia

- Forrações e gramados
- Jardineiras e canteiros
- Jardins verticais
- Vasos

Herbácea epífita. Flor muito durável. Não tolera baixas temperaturas.

Coreopsis lanceolata

coreópsis, margaridinha-amarela

- Jardineiras e canteiros
- Maciços
- Vasos

Herbácea ereta perene. Planta rústica. Exige renovação bienal.

Cortaderia selloana

cana-tinga, capim-dos-pampas, cortadeira, pluma, penacho-branco

- Isolado

 2,5 m 1,5 m

Herbácea ereta perene. Possui folhas cortantes. Tolerante a geadas. Crescimento rápido.

Cosmos bipinnatus

beijo-de-moça, cósmea, cosmos-de-jardim, picão-rosa

 1,2 m 0,5 m

- Bordaduras
- Jardineiras e canteiros
- Maciços
- Vasos

Herbácea anual ereta.

Costus spiralis

caatinga, cana-branca, cana-de-macaco, jacuanga

- Cercas-vivas
- Em conjunto
- Maciços
- Vasos

Herbácea ereta. Desenvolve-se melhor em regiões úmidas. Não tolera baixas temperaturas.

 1,8 m   0,5 m

Ctenanthe setosa

maranta-cinza, tenante

- Bordaduras
- Em conjunto
- Maciços
- Vasos

Herbácea perene. Planta rústica.

Cuphea gracilis

cúfea, cufeia, érica, falsa-érica

- Bordaduras
- Em conjunto
- Escadas
- Jardineiras e canteiros
- Jardins de pedra
- Maciços
- Vasos

 0,3 m 0,2 m

Herbácea perene ereta.
Não tolera baixas temperaturas.

Curculigo capitulata

capim-palmeira, curculigo

- Bordaduras

Herbácea ereta. Não tolera geadas. Crescimento rápido.

Cyclamen persicum

ciclame, ciclame-da-pérsia, ciclame-de-alepo, ciclamen

- Bordaduras
- Forrações e gramados
- Jardineiras e canteiros
- Vasos

Herbácea. Geralmente morre após o florescimento. Necessita de proteção contra ventos.

Cyperus alternifolius

palmeira-umbela, planta-umbela, sombrinha-chinesa

- Cercas-vivas
- Em conjunto
- Espelhos d'água e lagos

Herbácea entouceirada perene.
Não tolera geadas.

Cyperus haspan

papiro, papiro-anão

- Cercas-vivas
- Em conjunto
- Espelhos d'água e lagos

Herbácea entouceirada perene.
Planta aquática.

Cyperus papyrus

papiro, papiro-do-egito

- Espelhos d'água e lagos
- Vasos

Herbácea entouceirada. Planta aquática. Necessita de proteção contra ventos.

Davallia solida var. *fejeensis*

samambaia-pé-de-coelho, samambaia-renda-portuguesa

- Jardineiras e canteiros
- Jardins verticais
- Vasos

Samambaia herbácea.
Necessita de proteção contra ventos.

Dianthus chinensis

cravina

 0,4 m   0,2 m

- Bordaduras
- Em conjunto
- Jardineiras e canteiros
- Maciços
- Vasos

Herbácea entouceirada perene ereta.

Dieffenbachia seguine

comigo-ninguém-pode, diefembáquia

- Jardineiras e canteiros
- Vasos

Herbácea ereta perene.
Necessita de proteção contra ventos.
Não tolera baixas temperaturas.
Crescimento rápido.

 0,5 m 0,3 m

Dieffenbachia seguine 'Maculatum'

comigo-ninguém-pode, diefembáquia

  0,6 m 0,3 m

- Bordaduras
- Vasos

Herbácea ereta perene.
Necessita de proteção contra ventos.
Não tolera baixas temperaturas.
Crescimento rápido.

Dieffenbachia seguine 'Picta'

comigo-ninguém-pode, diefembáquia

- Bordaduras
- Vasos

Herbácea ereta perene.
Necessita de proteção contra ventos.
Não tolera baixas temperaturas.
Crescimento rápido.

Dietes bicolor

dietes, moreia, moreia-bicolor

- Bordaduras
- Em conjunto
- Maciços
- Vasos

Herbácea ereta perene.

Dietes iridioides

moreia

- Bordaduras
- Cercas e muros
- Cercas-vivas
- Em conjunto
- Maciços

Herbácea ereta perene.

Dracaena trifasciata subsp. *hahnii*

espadinha

- Jardineiras e canteiros
- Vasos

Herbácea ereta. Não tolera baixas temperaturas. Crescimento rápido.

Dracaena trifasciata subsp. *trifasciata*

espada-de-são-jorge, língua-de-sogra, rabo-de-lagarto, sanseviéria

- Jardineiras e canteiros
- Vasos

 0,9 m   0,2 m

Herbácea perene ereta.
Planta rústica. Crescimento rápido.

Epipremnum pinnatum

hera-do-diabo, jiboia, jiboia-verde

 0,3 m   0,2 m

- Jardineiras e canteiros
- Jardins verticais
- Vasos

Herbácea perene escandente.
Não tolera baixas temperaturas.
Crescimento rápido.

Equisetum giganteum

cavalinha-gigante

- Espelhos d'água e lagos
- Isolado
- Jardineiras e canteiros
- Vasos

Herbácea perene aquática.

Etlingera elatior

bastão-do-imperador, flor-da-redenção, gengibre-tocha

- Cercas-vivas
- Em conjunto
- Isolado

Herbácea ereta entouceirada.
Não tolera baixas temperaturas.

Etlingera elatior 'Alba'

bastão-do-imperador, flor-da-redenção, gengibre-tocha

- Cercas-vivas
- Em conjunto
- Isolado

Herbácea ereta entouceirada.
Não tolera baixas temperaturas.

Eustoma russellianum

genciana-do-prado, lisianto

- Cercas-vivas
- Em conjunto
- Isolado

Herbácea bienal ereta.

Evolvulus glomeratus

azulzinha, evólvulo

- Bordaduras
- Em conjunto
- Escadas
- Forrações e gramados
- Jardineiras e canteiros
- Vasos

Herbácea perene. Não tolera baixas temperaturas.

Exacum affine

violeta-alemã, violeta-persa

- Bordaduras
- Em conjunto
- Maciços
- Vasos

Herbácea bienal. Florescimento mais vistoso em regiões frias.

Freesia × kewensis

frésia, frísia, junquilho

- Bordaduras
- Em conjunto
- Jardineiras e canteiros
- Maciços
- Vasos

Herbácea. Diversidade de cor. Florescimento mais vistoso em regiões frias.

 0,3 m 0,2 m

Fuchsia × standishii

agrado, brinco-de-princesa, fúcsia, lágrima

- Jardineiras e canteiros
- Vasos

Herbácea escandente.
Diversidade de cor.

Gerbera jamesonii

gebra, gérbera, margarida-da-áfrica, margarida-do-transvaal

- Bordaduras
- Jardineiras e canteiros
- Vasos

Herbácea perene. Diversidade de cor.

Gibasis pellucida

véu-de-noiva

- Forrações e gramados
- Jardineiras e canteiros
- Jardins verticais
- Vasos

Herbácea perene pendente.
Não tolera baixas temperaturas.

Glebionis segetum

margaridinha-flor-de-ervilha

- Bordaduras
- Em conjunto
- Maciços
- Vasos

Herbácea anual ereta. Desenvolve-se melhor em regiões frias.

Glechoma hederacea 'Variegata'

bálsamo-do-campo, glechoma, hera-de-canteiro

- Forrações e gramados
- Jardineiras e canteiros
- Jardins verticais
- Vasos

Herbácea perene.

Goeppertia crocata

calateia-chama-eterna, calateia-de-açafrão

- Bordaduras
- Jardineiras e canteiros
- Maciços
- Vasos

Herbácea ereta perene.
Não tolera baixas temperaturas.

Goeppertia insignis

maranta-cascavel

- Bordaduras
- Em conjunto
- Jardineiras e canteiros
- Vasos

Herbácea ereta perene.
Não tolera baixas temperaturas.

Goeppertia makoyana

calateia-pena-de-pavão, maranta-pavão

- Bordaduras
- Jardineiras e canteiros
- Maciços
- Vasos

Herbácea ereta perene.
Não tolera baixas temperaturas.

Goeppertia picturata

maranta-prateada

- Bordaduras
- Forrações e gramados
- Jardineiras e canteiros
- Maciços
- Vasos

Herbácea perene. Não tolera baixas temperaturas.

Goeppertia roseopicta

calateia

- Bordaduras
- Em conjunto
- Jardineiras e canteiros
- Maciços
- Vasos

0,4 m   0,2 m

Herbácea ereta perene. Não tolera baixas temperaturas.

Goeppertia veitchiana

calateia-barriga-de-sapo, maranta-pena-de-pavão

- Bordaduras
- Em conjunto
- Jardineiras e canteiros
- Maciços
- Vasos

Herbácea entouceirada ereta.
Não tolera baixas temperaturas.

Goeppertia zebrina

calateia-zebra, maranta-zebra, planta-zebra

- Bordaduras
- Em conjunto
- Jardineiras e canteiros
- Maciços
- Vasos

Herbácea perene. Não tolera baixas temperaturas.

Gomphrena globosa

amaranto, amaranto-globoso, gonfrena, perpétua

 0,4 m 0,2 m

- Bordaduras
- Escadas
- Forrações e gramados
- Vasos

Herbácea anual semiereta.

Goniophlebium persicifolium

polipódio, samambaia-de-metro

- Jardineiras e canteiros
- Jardins verticais
- Vasos

Samambaia herbácea perene. Planta rústica. Necessita de proteção contra ventos.

Gunnera manicata

guarda-chuva, gunera, manicata

- Espelhos d'água e lagos
- Isolado

Herbácea ereta perene reptante.
Tolera terrenos alagadiços
ou brejosos.

Gypsophila paniculata

cravo-de-amor, gipsofila, mosquitinho

- Bordaduras
- Em conjunto
- Jardineiras e canteiros
- Maciços
- Vasos

Herbácea perene. Necessita de proteção contra ventos.

Hedychium coronarium

borboleta, jasmim, jasmim-borboleta, lágrima-de-moça, lírio-do-brejo

- Espelhos d'água e lagos

Herbácea entouceirada. Invasora em corpos-d'água. Crescimento rápido.

Helichrysum petiolare

gnafálio

- Bordaduras
- Em conjunto
- Forrações e gramados
- Vasos

Herbácea perene.

Heliconia angusta

bananeirinha, falsa-ave-do-paraíso, helicônia-vermelha

- Cercas-vivas
- Em conjunto
- Isolado
- Maciços

Herbácea ereta. Planta rústica.
Não tolera baixas temperaturas.

Heliconia angusta 'Orange christmas'

helicônia-laranja

- Cercas-vivas
- Em conjunto
- Isolado
- Maciços

Herbácea ereta. Planta rústica.
Não tolera baixas temperaturas.

Heliconia angusta 'Yellow christmas'

helicônia-amarela

- Cercas-vivas
- Em conjunto
- Isolado
- Maciços

Herbácea ereta. Planta rústica. Não tolera baixas temperaturas.

Heliconia bihai 'Lobster claw'

helicônia, pássaro-de-fogo

- Cercas-vivas
- Em conjunto
- Isolado
- Maciços

Herbácea ereta entouceirada. Planta rústica. Não tolera baixas temperaturas.

Heliconia bihai 'Yellow dancer'

helicônia, pássaro-de-fogo

- Cercas-vivas
- Em conjunto
- Isolado
- Maciços

Herbácea ereta entouceirada. Planta rústica. Não tolera baixas temperaturas.

Heliconia caribaea 'Cream'

helicônia-creme

- Cercas-vivas
- Em conjunto
- Isolado
- Maciços

Herbácea ereta entouceirada. Planta rústica. Não tolera baixas temperaturas.

Heliconia collinsiana

helicônia-pêndula

- Cercas-vivas
- Em conjunto
- Isolado
- Maciços

Herbácea ereta entouceirada. Planta rústica. Não tolera baixas temperaturas.

Heliconia farinosa

bananeira-do-brejo, bananeira-ornamental, caetê, helicônia

- Cercas-vivas
- Em conjunto
- Isolado
- Maciços

  2 m 1 m

Herbácea ereta entouceirada. Planta rústica. Não tolera baixas temperaturas.

Heliconia foreroi 'Hot Rio Night'

helicônia

- Cercas-vivas
- Em conjunto
- Isolado
- Maciços

Herbácea ereta entouceirada. Planta rústica. Não tolera baixas temperaturas.

Heliconia hirsuta

helicônia, pacová

- Cercas-vivas
- Em conjunto
- Isolado
- Maciços

    2,5 m 1 m

Herbácea ereta entouceirada.
Não tolera baixas temperaturas.

Heliconia hirsuta 'Burle marxii'

pacová-pequena

- Cercas-vivas
- Em conjunto
- Isolado
- Maciços

Herbácea ereta entouceirada.
Não tolera baixas temperaturas.

353

Heliconia hirsuta 'Yellow panama'

helicônia

- Cercas-vivas
- Em conjunto
- Isolado
- Maciços

Herbácea ereta entouceirada.
Não tolera baixas temperaturas.

Heliconia latispatha

helicônia-asa-de-arara

- Cercas-vivas
- Em conjunto
- Isolado
- Maciços

Herbácea ereta entouceirada. Planta rústica. Não tolera baixas temperaturas.

Heliconia orthotricha 'Candle cane'
helicônia

- Cercas-vivas
- Em conjunto
- Isolado
- Maciços

Herbácea ereta entouceirada. Planta rústica. Não tolera baixas temperaturas.

Heliconia orthotricha 'Eden pink'

helicônia-rosa

- Cercas-vivas
- Em conjunto
- Isolado
- Maciços

Herbácea ereta entouceirada. Planta rústica. Não tolera baixas temperaturas.

Heliconia orthotricha 'Edge of nite'

helicônia

- Cercas-vivas
- Em conjunto
- Isolado
- Maciços

Herbácea ereta entouceirada. Planta rústica. Não tolera baixas temperaturas.

Heliconia orthotricha 'Imperial'

helicônia

- Cercas-vivas
- Em conjunto
- Isolado
- Maciços

Herbácea ereta entouceirada. Planta rústica. Não tolera baixas temperaturas.

Heliconia orthotricha 'Lehua'

helicônia

- Cercas-vivas
- Em conjunto
- Isolado
- Maciços

Herbácea ereta entouceirada. Planta rústica. Não tolera baixas temperaturas.

Heliconia orthotricha 'Limon'

helicônia

- Cercas-vivas
- Em conjunto
- Isolado
- Maciços

Herbácea ereta entouceirada. Planta rústica. Não tolera baixas temperaturas.

Heliconia orthotricha 'Macas Pink'
helicônia

- Cercas-vivas
- Em conjunto
- Isolado
- Maciços

Herbácea ereta entouceirada. Planta rústica. Não tolera baixas temperaturas.

Heliconia orthotricha 'Oreole Orange'

helicônia

- Cercas-vivas
- Em conjunto
- Isolado
- Maciços

Herbácea ereta entouceirada. Planta rústica. Não tolera baixas temperaturas.

Heliconia psittacorum

helicônia-papagaio

- Cercas-vivas
- Em conjunto
- Isolado
- Maciços

Herbácea ereta entouceirada. Planta rústica. Não tolera baixas temperaturas.

Heliconia psittacorum **'Fuchsia'**

helicônia

- Cercas-vivas
- Em conjunto
- Isolado
- Maciços

Herbácea ereta entouceirada. Planta rústica. Não tolera baixas temperaturas.

365

Heliconia psittacorum 'Golden opal'

helicônia

- Cercas-vivas
- Em conjunto
- Isolado
- Maciços

Herbácea ereta entouceirada. Planta rústica. Não tolera baixas temperaturas.

Heliconia psittacorum 'Kathy'

helicônia

- Cercas-vivas
- Em conjunto
- Isolado
- Maciços

Herbácea ereta entouceirada. Planta rústica. Não tolera baixas temperaturas.

Heliconia psittacorum 'Strawberries and cream'

helicônia

- Cercas-vivas
- Em conjunto
- Isolado
- Maciços

Herbácea ereta entouceirada. Planta rústica. Não tolera baixas temperaturas.

Heliconia psittacorum 'Suriname sassy'

helicônia

- Cercas-vivas
- Em conjunto
- Isolado
- Maciços

Herbácea ereta entouceirada. Planta rústica. Não tolera baixas temperaturas.

Heliconia rostrata

bananeira-do-brejo, bananeira-ornamental, caetê, helicônia

- Cercas-vivas
- Em conjunto
- Isolado
- Maciços

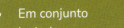

Herbácea ereta entouceirada. Planta rústica. Não tolera baixas temperaturas.

Heliconia spathocircinata

caetê-tocha-dourada, helicônia

- Cercas-vivas
- Em conjunto
- Isolado
- Maciços

Herbácea ereta entouceirada. Planta rústica. Não tolera baixas temperaturas.

Heliconia stricta

caetê, helicônia

- Cercas-vivas
- Em conjunto
- Isolado
- Maciços

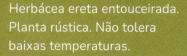

Herbácea ereta entouceirada. Planta rústica. Não tolera baixas temperaturas.

Heliconia stricta 'Fire bird'

caetê-pássaro-de-fogo, helicônia

- Cercas-vivas
- Em conjunto
- Isolado
- Maciços

Herbácea ereta entouceirada. Planta rústica. Não tolera baixas temperaturas.

Hemerocallis fulva

hemerocale, hemerocalis, lírio, lírio-de-são-josé, lírio-de-um-dia

- Bordaduras
- Em conjunto
- Isolado
- Jardineiras e canteiros
- Maciços

Herbácea perene.

Heterocentron elegans

esquizocentro, quaresmeira-rasteira

- Bordaduras
- Forrações e gramados
- Jardineiras e canteiros

Herbácea perene. Não tolera baixas temperaturas.

Hippeastrum elegans

açucena, amarílis, flor-da-imperatriz

- Bordaduras
- Em conjunto
- Vasos

Herbácea.

Hippeastrum puniceum

açucena, açucena-laranja, amarílis

- Bordaduras
- Em conjunto
- Vasos

Herbácea. Planta rústica.
Atrai lagartas.

Hippobroma longiflora

arrebenta-boi, arrebenta-cavalo, cega-olho, jasmim-da-itália

- Isolado
- Jardineiras e canteiros

Herbácea perene. Desenvolve-se melhor em regiões litorâneas. Crescimento rápido.

Hymenocallis caribaea

lírio-aranha

  0,8 m 0,5 m

- Em conjunto
- Jardineiras e canteiros
- Maciços

Herbácea. Não tolera baixas temperaturas.

Hypoestes phyllostachya

confete, face-sardenta

- Bordaduras
- Cercas e muros
- Em conjunto
- Maciços

Herbácea perene.

Impatiens hawkeri

beijo-pintado

- Bordaduras
- Isolado
- Jardineiras e canteiros
- Vasos

Herbácea ereta perene.
Necessita de proteção contra ventos.

Impatiens walleriana

beijinho, beijo-turco, maria-sem-vergonha

- Bordaduras
- Isolado
- Jardineiras e canteiros
- Vasos

 0,4 m   0,2 m

Herbácea perene. Frutos explosivos que espalham sementes ao toque. Crescimento rápido, vigoroso e invasor.

Justicia brandegeeana

camarão, camarão-vermelho

- Bordaduras
- Cercas e muros
- Em conjunto

Herbácea perene. Não tolera baixas temperaturas.

Leucanthemum vulgare

margarida, margarida-olga

- Bordaduras
- Em conjunto
- Maciços
- Vasos

 0,6 m 0,3 m

Herbácea perene ereta. Desenvolve-se melhor em regiões frias.

Lilium wallichianum

lírio, lírio-branco, lírio-de-finados, lírio-japonês, lírio-trombeta

 1,2 m   0,3 m

- Isolado
- Jardineiras e canteiros
- Maciços
- Vasos

Herbácea ereta.

Limnocharis flava
mureré

- Espelhos d'água e lagos

Herbácea perene ereta aquática.
Flores amarelas delicadas.
Crescimento rápido,
potencialmente invasora.

Lobularia maritima

alisso, doce-alisso

  0,2 m 0,1 m

- Bordaduras
- Escadas
- Forrações e gramados
- Maciços

Herbácea anual. Flor muito durável.

Maranta cristata

caetê, maranta

- Forrações e gramados
- Vasos

Herbácea perene. Não tolera baixas temperaturas.

Maranta leuconeura

maranta-pena-de-pavão

- Forrações e gramados
- Vasos

Herbácea. Necessita de proteção contra ventos. Não tolera baixas temperaturas.

Mauranthemum paludosum

margaridinha, margaridinha-branca, olguinha

- Bordaduras
- Em conjunto
- Maciços
- Vasos

Herbácea perene ereta.

Monstera adansonii

filodendro-monstera, monstera-do-amazonas

- Cercas e muros
- Em conjunto
- Isolado
- Vasos

Herbácea escandente perene.
Não tolera baixas temperaturas.

Nematanthus gregarius

peixinho

- Jardineiras e canteiros
- Jardins verticais
- Vasos

Herbácea epífita pendente.
Não tolera baixas temperaturas.

Nematanthus wettsteinii

columeia-peixinho, peixinho

- Bordaduras
- Jardineiras e canteiros
- Jardins verticais
- Vasos

Herbácea epífita pendente. Necessita de iluminação interna difusa.

Nephrolepis biserrata

rabo-de-peixe, samambaia, samambaia-asa-de-andorinha

- Jardineiras e canteiros
- Jardins verticais
- Vasos

Samambaia herbácea entouceirada.
Não tolera baixas temperaturas.
Crescimento rápido.

Nephrolepis cordifolia

samambaia-de-metro

- Jardineiras e canteiros
- Jardins verticais
- Vasos

Samambaia herbácea entouceirada. Crescimento rápido.

Nephrolepis exaltata 'Bostoniensis'

samambaia-americana, samambaia-de-boston, samambaia-espada

- Jardineiras e canteiros
- Jardins verticais
- Vasos

Samambaia herbácea. Necessita de proteção contra ventos.

Nephrolepis exaltata 'Florida ruffle'

samambaia, samambaia-crespa

 0,6 m   0,2 m

- Jardineiras e canteiros
- Jardins verticais
- Maciços
- Vasos

Samambaia herbácea. Planta rústica. Necessita de podas frequentes.

Ophiopogon jaburan

barba-de-serpente, ofiopogo

- Bordaduras
- Jardins verticais
- Maciços
- Vasos

 0,4 m 0,2 m

Herbácea perene ereta.

Ophiopogon japonicus

grama-japonesa, grama-preta

- Bordaduras
- Escadas
- Forrações e gramados

Herbácea perene. Crescimento rápido.

Pelargonium peltatum

gerânio, gerânio-hera, gerânio-pendente, pelargônio, pelargônio-pendente

- Jardineiras e canteiros
- Vasos

Herbácea perene pendente.
Diversidade de cor. Planta rústica.

Pentas lanceolata

estrela-do-egito, pentas, show-de-estrelas

- Bordaduras
- Jardineiras e canteiros
- Maciços
- Vasos

Herbácea perene ereta.
Diversidade de cor. Planta rústica.

Peperomia argyraea

peperômia, peperômia-zebra

- Bordaduras
- Jardineiras e canteiros
- Jardins verticais
- Maciços
- Vasos

 0,3 m 0,2 m

Herbácea perene ereta.
Não tolera geadas.

Peperomia caperata

peperômia-marrom

- Jardineiras e canteiros
- Jardins verticais
- Maciços
- Vasos

Herbácea perene ereta.
Não tolera geadas.

Peperomia caperata 'Rosso'

peperômia-marrom

- Jardineiras e canteiros
- Jardins verticais
- Vasos

Herbácea perene ereta.
Não tolera geadas.

Peperomia obtusifolia

peperômia

- Bordaduras
- Jardineiras e canteiros
- Jardins verticais
- Vasos

Herbácea perene ereta.
Não tolera geadas.

Peperomia serpens

peperômia, peperômia-filodendro

- Forrações e gramados
- Jardineiras e canteiros
- Jardins verticais
- Vasos

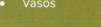

Herbácea suculenta perene pendente. Desenvolve-se melhor em regiões litorâneas. Não tolera baixas temperaturas.

Pericallis cruenta

cinerária, cinerária-dos-floristas

- Bordaduras
- Jardineiras e canteiros
- Vasos

Herbácea perene ereta. Diversidade de cor. Não tolera baixas temperaturas.

Petunia × atkinsiana

petúnia, petúnia-comum

- Jardineiras e canteiros
- Forrações e gramados
- Maciços
- Vasos

Herbácea anual.

Petunia × *atkinsiana* 'Dreams'

petúnia

- Jardineiras e canteiros
- Forrações e gramados
- Maciços
- Vasos

Herbácea anual. Diversidade de cor.

Petunia integrifolia

petúnia-perene

- Bordaduras
- Jardineiras e canteiros
- Forrações e gramados
- Maciços
- Vasos

   0,4 m 0,2 m

Herbácea anual.
Exige renovação anual.

Philodendron gloriosum

filodendro-glorioso

 2 m
 1 m

- Em conjunto
- Maciços
- Vasos

Herbácea perene. Não tolera baixas temperaturas. Crescimento lento.

Philodendron hederaceum

filodendro-cordato, filodendro-pendente

- Cercas e muros
- Em conjunto
- Forrações e gramados
- Jardineiras e canteiros
- Vasos

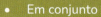

Herbácea escandente.
Não tolera baixas temperaturas.
Crescimento rápido.

Philodendron imbe

curuba, folha-da-fonte, tajaz-de-cobra, tracoá

- Cercas e muros
- Em conjunto
- Jardineiras e canteiros
- Vasos

Herbácea perene escandente.
Planta rústica. Desenvolve-se melhor
em regiões litorâneas e úmidas.
Não tolera baixas temperaturas.

Philodendron martianum

babosa-de-árvore, babosa-de-pau, pacová

- Jardineiras e canteiros
- Jardins verticais
- Maciços
- Vasos

  0,8 m 1 m

Herbácea perene ereta.
Não tolera baixas temperaturas.

Philodendron mayoi

imbê-costela

- Em conjunto
- Jardineiras e canteiros
- Vasos

Herbácea epífita ou terrestre, escandente ou trepadeira.
Não tolera baixas temperaturas.

Philodendron melanochrysum

filodendro-veludo

- Jardineiras e canteiros
- Vasos

Herbácea epífita perene.

Philodendron panduriforme

filodendro

- Cercas e muros
- Em conjunto
- Jardineiras e canteiros
- Jardins verticais
- Vasos

Herbácea perene escandente.
Não tolera baixas temperaturas.

Philodendron sagittifolium

filodendro

- Cercas e muros
- Jardineiras e canteiros
- Vasos

Herbácea escandente.
Não tolera baixas temperaturas.
Crescimento rápido.

Phlebodium aureum

samambaia-mandaiana

- Jardineiras e canteiros
- Jardins verticais
- Vasos

Samambaia herbácea.

Phlox paniculata

flox-de-verão, flox-perene

- Bordaduras
- Jardineiras e canteiros
- Isolado
- Maciços
- Vasos

Herbácea perene ereta.
Diversidade de cor.

 1,2 m 0,5 m

Phormium tenax

fibra-da-nova-zelândia, fórmio, linho-da-nova-zelândia

 3 m
 0,7 m

- Espelhos d'água e lagos
- Isolado
- Maciços
- Vasos

Herbácea perene ereta.
Muito tolerante ao frio.

Phymatosorus scolopendria

samambaia-jamaica

- Em conjunto
- Jardineiras e canteiros
- Jardins verticais
- Vasos

 0,3 m 0,2 m

Samambaia herbácea ereta.

Pilea cadierei

alumínio, pílea-alumínio, pileia, planta-alumínio

- Bordaduras
- Jardineiras e canteiros
- Vasos

Herbácea ereta perene. Não tolera geadas. Crescimento rápido.

Pilea microphylla

beldroega, brilhantina, folha-gorda, planta-artilheira

- Bordaduras
- Jardineiras e canteiros
- Jardins verticais
- Maciços
- Vasos

 0,3 m   0,2 m

Herbácea semiereta perene suculenta. Desenvolve-se melhor em regiões úmidas. Não tolera geadas.

Pistia stratiotes

alface-d'água, erva-de-santa-luzia

 0,2 m 0,2 m

- Espelhos d'água e lagos

Herbácea aquática perene. Desenvolve-se rapidamente com a adição de matéria orgânica na água. Não tolera baixas temperaturas. Crescimento rápido, potencialmente invasora.

Platycerium bifurcatum

chifre-de-veado, samambaia-chifre-de-veado

- Em conjunto
- Jardins verticais
- Vasos

Samambaia herbácea epífita. Variedade de formas das frondes. Frondes velhas (de cor marrom) protegem a planta.

Plectranthus glabratus

planta-vela, plectranto

 0,3 m
 0,1 m

- Forrações e gramados
- Jardineiras e canteiros
- Maciços
- Vasos

Herbácea perene.

Primula × polyantha

prímula, violeta-vermelha

- Bordaduras
- Jardineiras e canteiros
- Maciços
- Vasos

Herbácea perene. Diversidade de cor. Necessita de proteção contra ventos.

Primula malacoides

miniprímula

 0,3 m   0,1 m

- Bordaduras
- Jardineiras e canteiros
- Vasos

Herbácea perene. Diversidade de cor. Necessita de proteção contra ventos.

Primula obconica

prímula

- Bordaduras
- Jardineiras e canteiros
- Vasos

 0,4 m 0,2 m

Herbácea perene. Diversidade de cor.

Rhaphidophora decursiva

guaimbê-sulcado

- Cercas e muros
- Em conjunto

Herbácea.

Rudbeckia hirta

margarida-amarela

- Bordaduras
- Maciços
- Vasos

Herbácea bienal ereta.

Salvia splendens

alegria-dos-jardins, sálvia, sangue-de-adão

  0,8 m 0,2 m

- Bordaduras
- Em conjunto
- Maciços

Herbácea ereta perene.
Diversidade de cor.

433

Scaevola aemula

flor-canhota

- Jardineiras e canteiros
- Jardins verticais
- Maciços
- Vasos

 0,4 m   0,2 m

Herbácea perene. Planta rústica.

Scindapsus pictus

potos-acetinado, potos-cetim

- Em conjunto
- Jardineiras e canteiros
- Jardins verticais
- Pergolados e treliças
- Vasos

Herbácea. Não tolera baixas temperaturas.

Seemannia sylvatica

gloxínia, semânia, siníngia

- Bordaduras
- Jardineiras e canteiros
- Vasos

 0,4 m   0,2 m

Herbácea ereta. Flor muito durável. Não tolera baixas temperaturas.

Selaginella umbrosa

musgo-renda, selaginela

- Jardineiras e canteiros
- Jardins verticais
- Vasos

Herbácea perene ereta. Desenvolve-se melhor em regiões úmidas.
Não tolera baixas temperaturas.

Senecio flaccidus var. *douglasii*

cinerária

- Bordaduras
- Forrações e gramados
- Maciços

Herbácea perene. Desenvolve-se melhor em regiões secas. Exige renovação bienal.

Sinningia speciosa

cachimbo, gloxínia

 0,3 m 0,2 m

- Jardineiras e canteiros
- Maciços
- Vasos

Herbácea. Diversidade de cor.
Necessita de proteção contra ventos.

Spathiphyllum cannifolium

bandeira-branca, lírio-da-paz

- Espelhos d'água e lagos
- Jardineiras e canteiros
- Maciços
- Vasos

   0,7 m 0,2 m

Herbácea perene ereta entouceirada aquática. Não tolera baixas temperaturas.

Spathiphyllum ortgiesii 'Sensation'

lírio-da-paz-gigante

- Em conjunto
- Jardineiras e canteiros
- Maciços
- Vasos

Herbácea perene ereta.
Não tolera baixas temperaturas.

Spathiphyllum wallisii

bandeira-branca, espatifilo, lírio-da-paz

- Bordaduras
- Jardineiras e canteiros
- Maciços
- Vasos

 0,4 m   0,3 m

Herbácea perene ereta.
Não tolera baixas temperaturas.

Sphagneticola trilobata

mal-me-quer, picão-da-praia, vedélia

 0,6 m 0,2 m

- Forrações e gramados
- Vasos

Herbácea perene. Desenvolve-se melhor em regiões litorâneas. Não tolera baixas temperaturas. Boa para revestir taludes.

Strelitzia juncea

ave-do-paraíso, estrelízia-de-lança, flor-da-rainha-de-lança

- Cercas e muros
- Em conjunto
- Isolado

 1,8 m   1 m

Herbácea perene ereta entouceirada.
Inflorescência muito durável.
Não tolera baixas temperaturas.

444

Strelitzia reginae

ave-do-paraíso, estrelízia, flor-ave-do-paraíso, flor-da-rainha

 1,5 m   0,5 m

- Em conjunto
- Isolado
- Jardineiras e canteiros

Herbácea perene ereta entouceirada. Inflorescência muito durável.

445

Strelitzia reginae 'Citrina'

ave-do-paraíso-amarela, estrelízia-amarela

- Em conjunto
- Isolado
- Jardineiras e canteiros

 1,5 m 0,5 m

Herbácea perene ereta entouceirada.
Inflorescência muito durável.

Streptocarpus ionanthus

violeta, violeta-africana

- Bordaduras
- Jardineiras e canteiros
- Vasos

Herbácea perene. Diversidade de cor.
Não tolera água em excesso.
Necessita de iluminação interna difusa.
Não tolera baixas temperaturas.

Syngonium podophyllum
singônio

- Cercas e muros
- Em conjunto
- Forrações e gramados
- Jardins verticais
- Vasos

 2 m 0,5 m

Sub-herbácea. Não tolera baixas temperaturas.

Tagetes erecta

cravo-africano, cravo-amarelo, cravo-de-defunto, tagetes

 0,8 m 0,2 m

- Bordaduras
- Maciços
- Vasos

Herbácea anual ereta.
Diversidade de cor. Planta rústica.

Tagetes erecta 'Patula'

cravo-amarelo, cravo-de-defunto, flor-de-estudante, tagetes-anão

- Bordaduras
- Maciços
- Vasos

Herbácea anual ereta.
Diversidade de cor. Planta rústica.

Torenia fournieri

amor-perfeito-de-verão, torênia

- Bordaduras
- Jardineiras e canteiros
- Maciços
- Vasos

Herbácea anual. Flor muito durável.

Tradescantia spathacea

abacaxi-roxo, cordoban, moisés-no-berço

- Bordaduras
- Jardineiras e canteiros
- Maciços

Herbácea ereta. Planta rústica.

Tropaeolum majus

capuchinha, capuchinho, chagas, nastúrcio

- Forrações e gramados
- Jardineiras e canteiros
- Vasos

Herbácea anual ou bienal.
Flores comestíveis.
Pode ser utilizada como trepadeira.

Turnera subulata

albina, chanana, flor-do-guarujá, turnera

- Bordaduras
- Jardineiras e canteiros
- Maciços
- Vasos

 0,5 m
 0,2 m

Herbácea perene ereta. Planta rústica. Desenvolve-se bem mesmo em solos pobres, arenosos ou salinos. Não tolera baixas temperaturas.

Typhonodorum lindleyanum

banana-d'água, tifonodoro

 3 m
 1 m

- Em conjunto
- Espelhos d'água e lagos
- Isolado

Herbácea aquática.

Urceolina × grandiflora

estrela-d'alva, estrela-da-anunciação, lírio-do-amazonas

- Em conjunto
- Isolado
- Jardineiras e canteiros
- Maciços
- Vasos

 4 m 1 m

Herbácea entouceirada.
Exige renovação bienal.

Verbena × *hybrida*

camaradinha, verbena

- Bordaduras
- Forrações e gramados
- Jardineiras e canteiros

Herbácea perene. Diversidade de cor. Exige renovação bienal.

Viola × wittrockiana

amor-perfeito, amor-perfeito-de-jardim

- Bordaduras
- Jardineiras e canteiros
- Maciços
- Vasos

 0,3 m 0,1 m

Herbácea perene. Diversidade de cor.
Necessita de proteção contra ventos.

Zamioculcas zamiifolia

zamioculcas

- Isolado
- Jardineiras e canteiros
- Vasos

Herbácea perene. Necessita de proteção contra ventos. Não tolera excesso de umidade.

Zantedeschia aethiopica

cala-branca, copo-de-leite, lírio-do-nilo

- Espelhos d'água e lagos
- Jardineiras e canteiros
- Maciços
- Vasos

Herbácea perene.

Zephyranthes candida

carapitaia-branca, lírio-do-vento

- Bordaduras
- Em conjunto
- Jardineiras e canteiros
- Maciços
- Vasos

Herbácea perene.

Zingiber spectabile

gengibre-magnífico

- Bordaduras
- Em conjunto
- Jardineiras e canteiros
- Maciços
- Vasos

Herbácea ereta entouceirada.
Não tolera baixas temperaturas.

Zinnia peruviana

canela-de-velho, capitão, moça-e-velha, zínia

 0,8 m
 0,2 m

- Bordaduras
- Em conjunto
- Jardineiras e canteiros
- Maciços
- Vasos

Herbácea anual ereta.
Diversidade de cor.

PALMEIRAS

Bismarckia nobilis

palmeira-azul, palmeira-de-bismarck

- Em conjunto
- Isolado

Palmeira ereta. Tolera solos secos e arenosos. Não tolera baixas temperaturas.

Caryota mitis

palmeira-cariota, palmeira-rabo-de-peixe

- Em conjunto
- Isolado

Palmeira ereta.

Chrysalidocarpus lutescens

areca-bambu, palmeira-areca

- Cercas-vivas
- Isolado
- Maciços
- Vasos

Palmeira entouceirada. A pleno sol, a folhagem fica mais amarelada. Desenvolve-se melhor em regiões litorâneas.

Licuala grandis

licuala, licuala-grande, palmeira-leque

- Em conjunto
- Isolado
- Vasos

Palmeira ereta. Desenvolve-se melhor em regiões litorâneas. Não tolera baixas temperaturas. Crescimento lento.

Licuala spinosa

palmeira-leque-de-espinho

- Cercas-vivas
- Em conjunto
- Isolado
- Maciços
- Vasos

Palmeira entouceirada. Possui espinhos. Tolera terrenos alagadiços ou brejosos. Crescimento moderado.

 5 m   1 m

Livistona australis

falsa-latânia, livistona

 20 m
 2 m

- Em conjunto
- Isolado

Palmeira de tronco simples com folhas duradouras em leque. Crescimento lento.

Livistona chinensis

falsa-latânia, palmeira-leque-da-china

- Isolado
- Vasos

Palmeira de tronco simples com folhas duradouras em leque. Crescimento lento.

Phoenix roebelenii

fênix, tamareira-anã, tamareira-de-jardim

- Isolado
- Maciços
- Vasos

Palmeira arbustiva ereta.

Pinanga coronata

pinanga

- Em conjunto
- Isolado
- Maciços
- Vasos

Palmeira entouceirada. Não tolera baixas temperaturas.

Rhapis excelsa

palmeira-ráfis, palmeira-rápis, ráfis

- Isolado
- Maciços
- Vasos

Palmeira arbustiva ereta. Não tolera baixas temperaturas.
Não tolera geadas.

Sabal minor

sabal-acaule, sabal-anão

- Cercas-vivas
- Em conjunto
- Isolado
- Maciços
- Vasos

Palmeira ereta. Tolera terrenos alagadiços ou brejosos.

Serenoa repens
serenoa

- Isolado
- Maciços

Palmeira ereta. Desenvolve-se melhor em regiões úmidas, mas tolera solos pobres, arenosos ou salinos. Tolera geadas.

Syagrus weddelliana

icá, palmeira-de-petrópolis

- Em conjunto
- Isolado
- Vasos

Palmeira arbustiva ereta. Não tolera geadas. Crescimento lento.

Washingtonia filifera

palmeira-washingtonia

- Isolado
- Vasos

Palmeira. Tolera solos pobres ou arenosos.

479

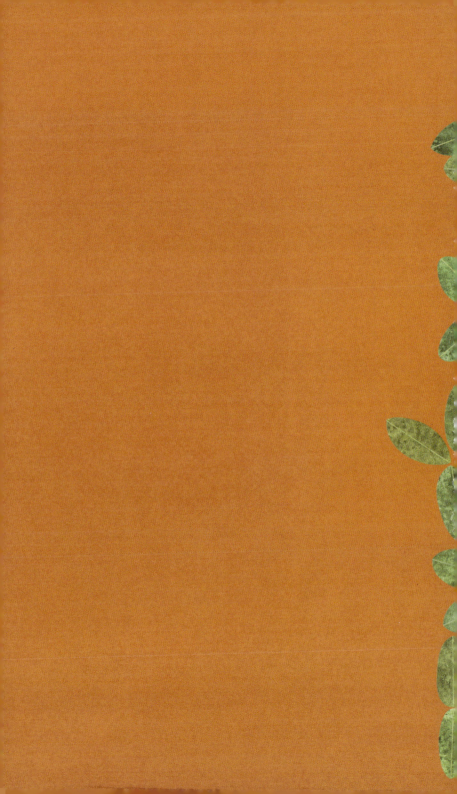

RASTEIRAS

Acalypha chamaedrifolia

acalifa-rasteira, rabo-de-gato

- Bordaduras
- Em conjunto
- Escadas
- Forrações e gramados
- Jardins verticais

Herbácea perene reptante.
Não tolera baixas temperaturas.

Ajuga reptans

ajuga

- Em conjunto
- Escadas
- Forrações e gramados

Herbácea perene reptante.
Tolerante ao frio.

Arachis repens

amendoim-rasteiro, amendoinzinho, grama-amendoim

- Em conjunto
- Escadas
- Forrações e gramados

Herbácea perene reptante. Não resiste a pisoteios. Não tolera baixas temperaturas. Boa para revestir taludes.

Axonopus compressus

grama-missioneira, grama-são-carlos, grama-sempre-verde, grama-tapete

 0,2 m 0,1 m

- Forrações e gramados

Herbácea rasteira. Desenvolve-se melhor em regiões úmidas.

Callisia repens

dinheiro-em-penca

- Forrações e gramados
- Jardineiras e canteiros
- Jardins verticais
- Vasos

Herbácea reptante. Não tolera baixas temperaturas. Crescimento vigoroso.

Episcia cupreata

asa-de-barata, planta-tapete, violeta-vermelha

- Forrações e gramados
- Jardineiras e canteiros
- Vasos

Herbácea perene reptante.
Variedade de tonalidade nas folhas.
Não tolera baixas temperaturas.

Evolvulus pusillus
gota-de-orvalho

- Escadas
- Forrações e gramados
- Jardineiras e canteiros
- Vasos

   0,1 m 0,1 m

Herbácea rasteira. Resistente a seca. Não tolera baixas temperaturas.

Fittonia albivenis

planta-mosaico

- Escadas
- Forrações e gramados
- Jardineiras e canteiros
- Jardins verticais
- Vasos

Herbácea perene reptante.
Variedade de tonalidade nas folhas.
Não tolera baixas temperaturas.

Lysimachia congestiflora

lisimáquia

- Em conjunto
- Escadas
- Forrações e gramados
- Jardineiras e canteiros
- Vasos

 0,2 m 0,1 m

Herbácea perene reptante.

Oxalis spiralis

trevo-amarelo, trevo-azedo-amarelo

- Bordaduras
- Forrações e gramados
- Jardineiras e canteiros
- Jardins verticais
- Vasos

Herbácea perene reptante. Florescimento mais vistoso em regiões frias.

Paspalum notatum

grama-batatais, grama-de-pasto, grama-forquilha, grama-mato-grosso, gramão

- Forrações e gramados

Herbácea perene rasteira. Resistente a pisoteio, a seca e a solos pobres. Não tolera geadas. Crescimento rápido.

Pilea nummulariifolia

dinheiro-em-penca

- Escadas
- Forrações e gramados
- Jardineiras e canteiros
- Vasos

Herbácea perene reptante.
Não tolera baixas temperaturas.

Plectranthus verticillatus
hera-sueca

- Forrações e gramados
- Jardineiras e canteiros
- Maciços
- Vasos

Herbácea perene reptante.

Selaginella kraussiana

musgo-tapete, selaginela

- Escadas
- Forrações e gramados
- Jardineiras e canteiros
- Jardins verticais

Samambaia herbácea perene reptante.

Stenotaphrum secundatum

grama-de-jardim, grama-de-santo-agostinho, grama-inglesa

- Forrações e gramados

Herbácea perene reptante. Tolera salinidade. Não resiste a pisoteio. Desenvolve-se melhor em regiões litorâneas. Crescimento moderado.

Strobilanthes alternata

hera-roxa

- Escadas
- Forrações e gramados
- Jardineiras e canteiros
- Vasos

Herbácea perene reptante.
Perde folhas na estiagem.
Não tolera baixas temperaturas.

Zoysia japonica

grama-esmeralda, grama-zóizia, zóizia, zóizia-silvestre

- Forrações e gramados

Herbácea perene reptante.
Pouco tolerante a pisoteio.

Zoysia matrella

grama-coreana, grama-japonesa, grama-mascarenha, grama-veludo

- Forrações e gramados

Herbácea perene reptante. Aspecto fofo quando não podada. Não resiste a pisoteio. Crescimento lento. Ideal para campos de golfe.

SUCULENTAS E CACTOS

Aeonium decorum

echevéria-baby

- Bordaduras
- Em conjunto
- Jardins de pedra
- Vasos

Herbácea ereta suculenta.
Não tolera geadas.

Agave americana

agave, pita-azul, piteira-azul

- Barreira física
- Cercas-vivas
- Em conjunto
- Isolado

Arbusto sublenhoso. Resistente a seca. Não tolera baixas temperaturas.

Agave angustifolia

agave, piteira-do-caribe

- Barreira física
- Bordaduras
- Isolado
- Maciços

 2 m   1,5 m

Arbusto sublenhoso. Resistente a seca. Não tolera baixas temperaturas.

Agave attenuata

agave-dragão, tromba-de-elefante

- Em conjunto
- Isolado
- Maciços

Arbusto sublenhoso.
Não tolera baixas temperaturas.

Aloe arborescens

áloe, áloe-candelabro, babosa

- Barreira física
- Bordaduras
- Em conjunto
- Isolado
- Jardins de pedra
- Maciços

Herbácea suculenta perene ereta com espinhos. Desenvolve-se bem mesmo em solos pobres ou arenosos.

 1,2 m 0,5 m

Aloe vera

babosa, babosa-medicinal

- Em conjunto
- Isolado
- Jardins de pedra
- Maciços

Herbácea suculenta perene ereta com espinhos. Desenvolve-se bem mesmo em solos pobres ou arenosos.

Astrophytum ornatum

cacto

- Em conjunto
- Jardins de pedra
- Vasos

Cacto suculento com espinhos.

Begonia × tuberhybrida

begônia-tuberosa

 0,8 m 0,6 m

- Bordaduras
- Jardineiras e canteiros
- Maciços
- Vasos

Herbácea suculenta.

Bulbine frutescens

bulbine

- Bordaduras
- Em conjunto
- Jardineiras e canteiros
- Maciços
- Vasos

 0,8 m   0,6 m

Herbácea perene suculenta.
Resistente a seca.

Cleistocactus strausii

cacto-prateado

- Jardins de pedra
- Maciços
- Vasos

Cacto suculento com espinhos.

Crassula ovata

árvore-da-amizade, árvore-do-dinheiro, árvore-jade, crássula

- Jardins de pedra
- Maciços
- Vasos

 0,6 m   0,3 m

Arbusto ereto suculento.
Crescimento lento.

Curio rowleyanus

colar-de-pérola

- Jardineiras e canteiros
- Jardins verticais
- Vasos

Herbácea perene suculenta pendente.

Dichorisandra thyrsiflora

cana-de-macaco, dicorisandra, gengibre-azul, marianinha, trapoeraba-azul

- Cercas e muros
- Em conjunto
- Isolado
- Maciços

Arbusto suculento.
Não tolera baixas temperaturas.

Echeveria gibbiflora

echevéria

- Bordaduras
- Em conjunto
- Jardins de pedra
- Jardins verticais
- Vasos

Herbácea ereta suculenta.
Não tolera geadas.

515

Euphorbia ingens

cacto-candelabro

- Barreira física
- Cercas-vivas
- Em conjunto
- Isolado
- Jardins de pedra
- Maciços

Arbusto perene ereto suculento. Resistente a seca e a frio.

Euphorbia lactea 'Cristata'

cacto, cacto-eufórbia, cacto-monstro

- Jardins de pedra
- Vasos

Pequeno arbusto ereto suculento com espinhos.

Euphorbia milii

bem-casado, colchão-de-noiva, coroa-de-cristo, coroa-de-espinho, dois-irmãos

- Barreira física
- Bordaduras
- Cercas e muros
- Cercas-vivas
- Maciços
- Vasos

Subarbusto ereto suculento com espinhos. Planta rústica.
Não tolera baixas temperaturas.

Euphorbia resinifera

eufórbia

- Barreira física
- Cercas-vivas
- Isolado
- Jardins de pedra
- Maciços
- Vasos

Arbusto suculento com espinhos.
Planta rústica. Não tolera
baixas temperaturas.

Ferocactus latispinus

cacto

- Em conjunto
- Isolado
- Jardins de pedra
- Vasos

Arbusto suculento com espinhos.
Desenvolve-se melhor em regiões secas.

Haworthiopsis attenuata

planta-pérola

- Em conjunto
- Jardins de pedra
- Vasos

Herbácea suculenta.

Kalanchoe blossfeldiana

calanchoê, calancoê, flor-da-fortuna

- Bordaduras
- Em conjunto
- Isolado
- Jardins de pedra
- Vasos

Herbácea perene ereta suculenta. Flor muito durável. Não tolera excesso de umidade. Não tolera geadas.

Opuntia cochenillifera

cacto, cacto-sem-espinho, cardo-de-cochonilha, nopal, palma-doce

- Barreira física
- Cercas e muros
- Cercas-vivas
- Isolado
- Vasos

Cacto arbustivo ereto suculento.
Planta rústica. Resistente a seca.
Não tolera geadas.

Opuntia ficus-indica

figo-da-índia, opúntia

- Isolado
- Vasos

Cacto arbustivo perene suculento. Planta rústica. Resistente a seca. Crescimento rápido.

Opuntia leucotricha

opúntia, palma-brava

- Barreira física
- Cercas e muros
- Em conjunto
- Isolado
- Jardins de pedra

Cacto arbustivo suculento com espinhos. Planta rústica. Resistente a seca. Não tolera geadas.

Pachypodium lamerei

palmeira-de-madagascar, paquipódio

- Em conjunto
- Isolado
- Jardins de pedra
- Vasos

 5 m   0,5 m

Arbustivo ereto suculento com espinhos. Planta rústica. Resistente a seca.

Portulaca grandiflora

onze-horas, portulaca

 0,2 m 0,2 m

- Bordaduras
- Escadas
- Jardineiras e canteiros
- Maciços
- Vasos

Herbácea anual suculenta.
Diversidade de cor.

Portulaca oleracea

beldroega, caaponga, onze-horas

- Bordaduras
- Escadas
- Forrações e gramados
- Jardineiras e canteiros
- Vasos

Herbácea anual suculenta.
Diversidade de cor.

Rhipsalis pilocarpa

cacto-macarrão, ripsális

- Jardineiras e canteiros
- Jardins de pedra
- Jardins verticais
- Vasos

Subarbusto epífito suculento.

Schlumbergera truncata

flor-de-maio, flor-de-seda

- Jardineiras e canteiros
- Jardins verticais
- Vasos

 0,6 m 0,2 m

Herbácea epífita suculenta.
Diversidade de cor. Não tolera geadas.

Sedum morganianum

arroz-de-rato, dedo-de-moça, rabo-de-burro, rabo-de-cavalo

- Escadas
- Jardineiras e canteiros
- Jardins de pedra
- Jardins verticais
- Vasos

Herbácea perene suculenta pendente. Não tolera geadas.

Sedum praealtum

bálsamo

- Bordaduras
- Em conjunto
- Isolado
- Jardins de pedra
- Vasos

 0,6 m 0,2 m

Subarbusto perene ereto suculento. Resistente a seca.

Selenicereus anthonyanus

cufea, pente-de-itu, cacto-sianinha

- Em conjunto
- Jardins de pedra
- Vasos

Cacto epífito escandente.
Não tolera baixas temperaturas.

Tradescantia pallida

coração-roxo, trapoeraba, trapoerabão, trapoeraba-roxa

- Forrações e gramados
- Jardineiras e canteiros
- Jardins verticais
- Maciços
- Vasos

Herbácea suculenta. Não tolera baixas temperaturas.

Tradescantia zebrina

judeu-errante, lambari, lambari-roxo, trapoeraba-roxa

- Forrações e gramados
- Jardineiras e canteiros
- Jardins verticais
- Vasos

Herbácea perene reptante suculenta. A pleno sol, fica mais roxa. Não tolera baixas temperaturas nem pisoteio. Crescimento rápido.

TREPADEIRAS E ESCANDENTES

Allamanda cathartica

alamanda, alamanda-amarela, carolina, dedal-de-dama

- Caramanchões
- Cercas e muros
- Cercas-vivas
- Jardineiras e canteiros

Trepadeira sublenhosa.

Antigonon leptopus

amor-agarradinho, amor-entrelaçado, cipó-coral, cipó-mel, lágrima-de-noiva

- Caramanchões
- Cercas e muros
- Jardineiras e canteiros
- Pergolados e treliças

Trepadeira sub-herbácea perene.

Aristolochia gigantea

jarra-açú, mil-homens, papo-de-peru-de-babada, papo-de-peru-grande

- Caramanchões
- Cercas e muros
- Pergolados e treliças

Trepadeira subarbustiva.
Não tolera baixas temperaturas.

Asparagus setaceus

aspargo, aspargo-plumoso, aspargo-samambaia, melindre, melindro

- Jardineiras e canteiros
- Jardins verticais
- Vasos

Trepadeira sub-herbácea.
Crescimento rápido.

Beaumontia grandiflora

bomôncia, trombeta-branca, trombeta-de-arauto

- Caramanchões
- Cercas-vivas
- Isolado
- Pergolados e treliças

Trepadeira lenhosa.

Clerodendrum splendens

clerodendro

- Caramanchões
- Cercas e muros
- Pergolados e treliças
- Vasos

Trepadeira sublenhosa perene.
Não tolera geadas.

Clerodendrum thomsoniae

clerodendro-trepador, lágrima-de-cristo

- Caramanchões
- Cercas e muros
- Jardineiras e canteiros
- Pergolados e treliças
- Vasos

Trepadeira subarbustiva perene.
Não tolera geadas.

Combretum fruticosum

escova-de-macaco-alaranjada, escovinha, flor-de-fogo

- Caramanchões
- Cercas e muros
- Isolado

Trepadeira lenhosa.

Congea tomentosa
côngea, congeia

- Caramanchões
- Cercas e muros
- Pergolados e treliças

Trepadeira lenhosa perene.
Inflorescência durável.
Não tolera baixas temperaturas.

Cuspidaria convoluta

cipó-rosa, cuspidária

- Caramanchões
- Cercas e muros
- Pergolados e treliças

Trepadeira lenhosa.

Delairea odorata

hera-alemã, trepadeira-africana, trepadeira-senécio

- Caramanchões
- Cercas e muros
- Jardineiras e canteiros
- Pergolados e treliças

Trepadeira herbácea perene. Florescimento mais vistoso nas regiões frias.

Ficus pumila

herinha, unha-de-gato

- Cercas e muros
- Forrações e gramados
- Vasos

Trepadeira lenhosa perene.
Necessita de podas frequentes.

Hedera canariensis
hera, hera-da-algéria

- Cercas e muros
- Forrações e gramados
- Jardineiras e canteiros
- Vasos

Trepadeira sublenhosa perene.
Boa para revestir taludes.

Hedera helix

hera, hera-inglesa

- Cercas e muros
- Forrações e gramados
- Jardineiras e canteiros
- Jardins verticais
- Pergolados e treliças
- Vasos

Trepadeira ou reptante sublenhosa.

Ipomoea cairica

corriola, ipomeia, jetirana, jitirana

- Cercas e muros
- Pergolados e treliças

Trepadeira herbácea perene. Planta rústica. Crescimento rápido, podendo tornar-se invasora.

Ipomoea horsfalliae

ipomeia-rubra, trepadeira-cardeal

- Cercas e muros
- Pergolados e treliças

Trepadeira herbácea perene.
Perde folhas na estiagem.

Ipomoea purpurea

bom-dia, campainha, corriola, glória-da-manhã, jitirana

- Caramanchões
- Cercas e muros
- Pergolados e treliças

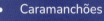

Trepadeira herbácea anual. Planta rústica. Crescimento rápido, podendo tornar-se invasora.

Lonicera japonica

madressilva

- Caramanchões
- Jardineiras e canteiros
- Vasos

Trepadeira sublenhosa escandente.
Crescimento rápido.

Parthenocissus tricuspidata

falsa-vinha, hera-japonesa

- Cercas e muros
- Jardineiras e canteiros
- Pergolados e treliças

Trepadeira sublenhosa.

Petrea volubilis

capela-de-viúva, flor-de-são-miguel, petreia, touca-de-viúva, viuvinha

- Caramanchões
- Cercas e muros
- Pergolados e treliças

Arbusto lenhoso escandente.

557

Podranea ricasoliana

sete-léguas

- Caramanchões
- Cercas e muros

Trepadeira sublenhosa.

Pyrostegia venusta

cipó-de-são-joão, flor-de-são-joão

- Caramanchões
- Cercas e muros
- Pergolados e treliças

Trepadeira sublenhosa.

Strongylodon macrobotrys

trepadeira-filipina, trepadeira-jade

- Caramanchões
- Cercas e muros
- Pergolados e treliças

Trepadeira perene. Não tolera baixas temperaturas.

Tetrastigma voinierianum

trepadeira-castanha

- Caramanchões
- Cercas e muros
- Pergolados e treliças

Trepadeira sublenhosa perene.
Não tolera baixas temperaturas.

Thunbergia fragrans

tumbérgia-branca

- Caramanchões
- Cercas e muros
- Pergolados e treliças

Trepadeira herbácea perene
Não tolera baixas temperaturas.

Thunbergia grandiflora

azulzinha, tumbérgia-azul

- Caramanchões
- Pergolados e treliças

Trepadeira sublenhosa perene. Planta rústica. Crescimento rápido.

Thunbergia mysorensis

sapatinho-de-judia

- Caramanchões
- Pergolados e treliças

Trepadeira sublenhosa.

Wisteria floribunda

glicínia, wistéria-japonesa

- Caramanchões
- Cercas e muros
- Pergolados e treliças

Trepadeira lenhosa. Florescimento mais vistoso em regiões frias.

ÍNDICE TEMÁTICO

ATRATIVOS

ATRAEM ABELHAS

Antigonon leptopus 539
Argyranthemum frutescens 271
Aster ageratoides 275
Chrysanthemum × morifolium 291
Coreopsis lanceolata 297
Cosmos bipinnatus 299
Evolvulus glomeratus 322
Freesia × kewensis 324
Glebionis segetum 328
Helianthus annuus 116
Lantana camara 134
Leucanthemum vulgare 384
Lobularia maritima 387
Mauranthemum paludosum 390
Odontonema tubaeforme 150
Pelargonium × hybridum 153
Pelargonium peltatum 400
Petunia × atkinsiana 408
Petunia × atkinsiana 'Dreams' 409
Petunia integrifolia 410
Plerandra elegantissima 162
Rotheca myricoides 176
Rudbeckia hirta 432
Salvia leucantha 180
Salvia splendens 433
Zinnia peruviana 463

ATRAEM BORBOLETAS

Antirrhinum majus 269
Argyranthemum frutescens 271
Columnea microcalyx 296
Coreopsis lanceolata 297
Hemerocallis fulva 374
Ixora coccinea 127
Justicia brandegeeana 383
Lantana camara 134
Lobularia maritima 387
Pachystachys lutea 151
Pentas lanceolata 401
Russelia equisetiformis 179
Salvia splendens 433
Thunbergia fragrans 562
Verbena × hybrida 457
Zinnia peruviana 463

ATRAEM PÁSSAROS

Alcantarea imperialis 204
Aloe arborescens 506
Aloe vera 507
Asparagus setaceus 541
Calliandra haematocephala var. haematocephala 75
Callianthe darwinii 77
Callianthe striata 79
Clusia fluminensis 90
Combretum fruticosum 545
Cotoneaster buxifolius 94
Duranta erecta 102
Duranta erecta 'Gold mound' 103
Eugenia sprengelii 105
Fuchsia × standishii 325
Grevillea banksii 113
Heliconia angusta 343
Heliconia angusta 'Orange christmas' 344
Heliconia angusta 'Yellow christmas' 345
Heliconia bihai 'Lobster claw' 346
Heliconia bihai 'Yellow dancer' 347
Heliconia caribaea 'Cream' 348
Heliconia collinsiana 349
Heliconia farinosa 350
Heliconia foreroi 'Hot Rio Night' 351
Heliconia hirsuta 352
Heliconia hirsuta 'Burle-marxii' 353
Heliconia hirsuta 'Yellow panama' 354
Heliconia latispatha 355
Heliconia orthotricha 'Candle cane' 356
Heliconia orthotricha 'Eden pink' 357
Heliconia orthotricha 'Edge of nite' 358
Heliconia orthotricha 'Imperial' 359
Heliconia orthotricha 'Lehua' 360
Heliconia orthotricha 'Limon' 361
Heliconia orthotricha 'Macas pink' 362
Heliconia orthotricha 'Oreole Orange' 363
Heliconia psittacorum 364

Heliconia psittacorum 'Fuchsia' 365

Heliconia psittacorum 'Golden opal' 366

Heliconia psittacorum 'Kathy' 367

Heliconia psittacorum 'Strawberries and cream' 368

Heliconia psittacorum 'Suriname sassy' 369

Heliconia rostrata 370

Heliconia spathocircinata 371

Heliconia stricta 372

Heliconia stricta 'Fire bird' 373

Heptapleurum actinophyllum 117

Holmskioldia sanguinea 122

Ixora chinensis 126

Ixora coccinea 127

Justicia brandegeeana 383

Justicia floribunda 132

Lonicera japonica 555

Malvaviscus arboreus 137

Murraya paniculata 139

Odontonema tubaeforme 150

Pachystachys lutea 151

Pachystachys spicata 152

Pentas lanceolata 401

Phoenix roebelenii 473

Rhipsalis pilocarpa 529

Ruellia chartacea 178

Russelia equisetiformis 179

Salvia leucantha 180

Sanchezia oblonga 181

Schlumbergera truncata 530

Strelitzia juncea 444

Thunbergia erecta 185

Thunbergia fragrans 562

Thunbergia mysorensis 564

COLORAÇÃO DE DESTAQUE

Acalypha chamaedrifolia 482

Ageratum houstonianum 259

Ajuga reptans 483

Allamanda cathartica 538

Alpinia purpurata 264

Alpinia purpurata 'Rosea' 265

Antigonon leptopus 539

Antirrhinum majus 269

Bougainvillea glabra 68

Bougainvillea spectabilis 69

Brassica oleracea 'Acephala' 280

Browallia americana 281

Brunfelsia uniflora 71

Caladium bicolor 282

Calceolaria × herbeohybrida 283

Canna × hybrida 284

Celosia argentea 287

Centaurea gymnocarpa 288

Clerodendrum splendens 543

Codiaeum variegatum 92

Coleus scutellarioides 292

Colocasia esculenta 293

Combretum fruticosum 545

Congea tomentosa 546

Coreopsis lanceolata 297

Cosmos bipinnatus 299

Crossandra nilotica 95

Cuspidaria convoluta 547

Delairea odorata 548

Dichorisandra thyrsiflora 514

Euphorbia pulcherrima 107

Evolvulus glomeratus 322

Evolvulus pusillus 488

Ficus elastica 109

Fittonia albivenis 489

Gerbera jamesonii 326

Guzmania sanguinea 222

Hebe speciosa 114

Helianthus annuus 116

Helichrysum petiolare 342

Heliconia orthotricha 'Eden pink' 357

Heliconia orthotricha 'Oreole Orange' 363

Hemerocallis fulva 374

Hibiscus rosa-sinensis 121

Holmskioldia sanguinea 122

Hydrangea macrophylla 123

Hymenocallis caribaea 379

Ipomoea horsfalliae 553

Ipomoea purpurea 554

Iresine diffusa f. herbstii 124

Ixora casei 125

Ixora coccinea 127

Jasminum mesnyi 129

Justicia brandegeeana 383

Justicia floribunda 132

Kalanchoe blossfeldiana 522

Lilium wallichianum 385

Mussaenda × philippica 'Doña luz' 144

Mussaenda × philippica 'Queen sirikit' 145

Mussaenda erythrophylla 146

Mussaenda frondosa 147

Nandina domestica 148

Nerium oleander 149

Petrea volubilis 557

Phlox paniculata 420

Plumbago auriculata 166

Pyrostegia venusta 559

Rhododendron simsii 172

Rosa chinensis 173

Rosa gallica 174

Rudbeckia hirta 432

Ruellia chartacea 178

Salvia splendens 433

Scaevola aemula 434

Senecio flaccidus var. *douglasii* 438

Spiraea cantoniensis 183

Streptocarpus ionanthus 447

Strobilanthes alternata 497

Tagetes erecta 'Patula' 450

Torenia fournieri 451

Tradescantia pallida 534

Tradescantia spathacea 452

Tradescantia zebrina 535

Tropaeolum majus 453

Viola × wittrockiana 458

Wisteria floribunda 565

Zinnia peruviana 463

PERFUME

Beaumontia grandiflora 542

Brunfelsia uniflora 71

Clerodendrum infortunatum 89

Eugenia sprengelii 105

Exacum affine 323

Freesia × kewensis 324

Gardenia jasminoides 112

Hedychium coccineum 115

Hedychium coronarium 341

Hymenocallis caribaea 379

Lobularia maritima 387

Lonicera japonica 555

Murraya paniculata 139

Pelargonium × hybridum 153

Petunia × atkinsiana 'Dreams' 409

Primula × polyantha 428

Rosa gallica 174

Spathiphyllum cannifolium 440

Tagetes erecta 449

Tagetes erecta 'Patula' 450

Thunbergia fragrans 562

FOLHAGEM ORNAMENTAL

Aechmea chantinii 192

Aechmea chantinii 'Black' 193

Agave angustifolia 504

Aglaonema commutatum 'Pseudobracteatum' 260

Alocasia × mortfontanensis 262

Alocasia macrorrhizos 263

Bismarckia nobilis 466

Brassica oleracea 'Acephala' 280

Caryota mitis 467

Clusia fluminensis 90

Clusia fluminensis 'Pedra azul' 91

Dieffenbachia seguine 'Maculatum' 311

Dieffenbachia seguine 'Picta' 312

Dracaena surculosa var. *surculosa* 100

Dracaena trifasciata subsp. *hahnii* 315

Dracaena trifasciata subsp. *trifasciata* 316

Ficus elastica 109

Ficus lyrata 111

Fittonia albivenis 489

Haworthiopsis attenuata 521

Hypoestes phyllostachya 380

Juniperus chinensis 'Kaizuka' 131

Licuala grandis 469

Licuala spinosa 470

Livistona australis 471

Livistona chinensis 472

Monstera adansonii 391

Monstera deliciosa 138

Peperomia argyraea 402

Philodendron bipinnatifidum 154

Philodendron gloriosum 411

569

Philodendron hederaceum 412

Philodendron imbe 413

Philodendron mayoi 415

Philodendron melanochrysum 416

Philodendron panduriforme 417

Philodendron sagittifolium 418

Philodendron undulatum 156

Philodendron xanadu 157

Philodendron speciosum 155

Platycerium bifurcatum 426

Ravenala madagascariensis 171

Rhaphidophora decursiva 431

Rhapis excelsa 475

Sabal minor 476

Selenicereus anthonyanus 533

Serenoa repens 477

Washingtonia filifera 479

FOLHAS AROMÁTICAS

Glechoma hederacea 'Variegata' 329

Hesperocyparis macrocarpa 120

Juniperus chinensis 'Kaizuka' 131

FRUTOS OU INFLORESCÊNCIAS ORNAMENTAIS

Aechmea fasciata 195

Aristolochia gigantea 540

Combretum fruticosum 545

Cortaderia selloana 298

Costus spiralis 300

Etlingera elatior 319

Etlingera elatior 'Alba' 320

Heliconia angusta 343

Heliconia angusta 'Orange christmas' 344

Heliconia angusta 'Yellow christmas' 345

Heliconia bihai 'Lobster claw' 346

Heliconia bihai 'Yellow dancer' 347

Heliconia caribaea 'Cream' 348

Heliconia collinsiana 349

Heliconia farinosa 350

Heliconia foreroi 'Hot Rio Night' 351

Heliconia hirsuta 352

Heliconia hirsuta 'Burle-marxii' 353

Heliconia hirsuta 'Yellow panama' 354

Heliconia latispatha 355

Heliconia orthotricha 'Candle cane' 356

Heliconia orthotricha 'Eden pink' 357

Heliconia orthotricha 'Edge of nite' 358

Heliconia orthotricha 'Imperial' 359

Heliconia orthotricha 'Lehua' 360

Heliconia orthotricha 'Limon' 361

Heliconia orthotricha 'Macas pink' 362

Heliconia orthotricha 'Oreole Orange' 363

Heliconia psittacorum 364

Heliconia psittacorum 'Fuchsia' 365

Heliconia psittacorum 'Golden opal' 366

Heliconia psittacorum 'Kathy' 367

Heliconia psittacorum 'Strawberries and cream' 368

Heliconia psittacorum 'Suriname sassy' 369

Heliconia rostrata 370

Heliconia spathocircinata 371

Heliconia stricta 372

Heliconia stricta 'Fire bird' 373

Musa coccinea 141

Musa ornata 142

Musa ornata 'Royal' 143

Strelitzia juncea 444

Strelitzia reginae 445

Strelitzia reginae 'Citrina' 446

Tillandsia guatemalensis 240

Vriesea carinata 243

Vriesea ensiformis 245

Zingiber spectabile 462

CLIMA

QUENTE A AMENO

Acalypha chamaedrifolia 482

Acalypha hispida 59

Acalypha wilkesiana 60

Aechmea blanchetiana 190

Aechmea bromeliifolia 191

Aechmea chantinii 192

Aechmea chantinii 'Black' 193

Aechmea correia-araujoi 194

Aechmea fasciata 195

Aechmea fulgens × ramosa 'Festival' 196

Aechmea gamosepala 'Variegata' 197

Aechmea orlandiana 198

Aechmea orlandiana 'Belloi' 199

Aechmea pineliana 200

Aechmea rubens 201

Aechmea smithorum 202

Aechmea vallerandii 203

Agave americana 503

Agave angustifolia 504

Agave attenuata 505

Aglaonema commutatum 'Pseudobracteatum' 260

Alcantarea imperialis 204

Allamanda blanchetii 61

Alocasia × mortfontanensis 262

Alocasia macrorrhizos 263

Alpinia purpurata 264

Alpinia purpurata 'Rosea' 265

Alpinia zerumbet 266

Ananas comosus 'Bracteatus' 205

Ananas comosus 'Comosus' 206

Anthurium andraeanum 62

Anthurium scherzerianum 268

Arachis repens 484

Aristolochia gigantea 540

Asplenium nidus 274

Astrophytum ornatum 508

Asystasia gangetica 276

Barleria cristata 66

Begonia × tuberhybrida 509

Billbergia hybridus 'Hallelujah' 207

Billbergia pyramidalis 208

Bismarckia nobilis 466

Breynia disticha 70

Calliandra haematocephala var. haematocephala 75

Callisia repens 486

Canistropsis billbergioides 209

Canistropsis seidelii 210

Canna × hybrida 284

Canna paniculata 285

Carludovica palmata 82

Caryota mitis 467

Celosia argentea 287

Chamaecyparis lawsoniana 'Lanei' 86

Chrysanthemum × morifolium 291

Cleistocactus straussii 511

Clerodendrum × speciosum 88

Clerodendrum infortunatum 89

Clerodendrum splendens 543

Codiaeum variegatum 92

Coleus scutellarioides 292

Colocasia esculenta 293

Colocasia esculenta var. illustris 294

Colocasia fontanesii 295

Columnea microcalyx 296

Congea tomentosa 546

Costus spiralis 300

Crassula ovata 512

Cryptanthus bivittatus 211

Cryptanthus warren-loosei 212

Cryptanthus zonatus 213

Cryptanthus zonatus 'Fosterianus' 214

Cuphea gracilis 302

Curio rowleyanus 513

Cycas revoluta 96

Cyperus alternifolius 305

Cyperus haspan 306

Cyperus papirus 307

Deuterocohnia meziana 215

Dianthus chinensis 309

Dichorisandra thyrsiflora 514

Dieffenbachia seguine 310

Dieffenbachia seguine 'Maculatum' 311

Dieffenbachia seguine 'Picta' 312

Dracaena fragrans 97

Dracaena reflexa 98

Dracaena reflexa var. angustifolia 99

Dracaena surculosa var. surculosa 100

Dracaena trifasciata subsp. hahnii 315

Epipremnum pinnatum 317

Episcia cupreata 487

Etlingera elatior 319

Etlingera elatior 'Alba' 320

Euphorbia milii 518

Euphorbia pulcherrima 107

Euphorbia resinifera 519

Evolvulus glomeratus 322

Evolvulus pusillus 488

Ferocactus latispinus 520

Ficus benjamina 'Variegata' 108

Fittonia albivenis 489

Gibasis pellucida 327

Goeppertia insignis 331

Goeppertia makoyana 332

Goeppertia picturata 333

Goeppertia roseopicta 334

Goeppertia veitchiana 335

Goeppertia zebrina 336

Goniophlebium persicifolium 338

Guzmania conifera 216

Guzmania dissitiflora 217

Guzmania lingulata 218

Guzmania lingulata × *conifera* 'Torch' 219

Guzmania lingulata var. *lingulata* 220

Guzmania lingulata var. 'Minor' 221

Guzmania sanguinea 222

Guzmania schezeriana 223

Haworthiopsis attenuata 521

Heliconia angusta 343

Heliconia angusta 'Orange christmas' 344

Heliconia angusta 'Yellow christmas' 345

Heliconia bihai 'Lobster claw' 346

Heliconia bihai 'Yellow dancer' 347

Heliconia caribaea 'Cream' 348

Heliconia collinsiana 349

Heliconia farinosa 350

Heliconia foreroi 'Hot Rio Night' 351

Heliconia hirsuta 352

Heliconia hirsuta 'Burle-marxii' 353

Heliconia hirsuta 'Yellow panama' 354

Heliconia latispatha 355

Heliconia orthotricha 'Candle cane' 356

Heliconia orthotricha 'Eden pink' 357

Heliconia orthotricha 'Edge of nite' 358

Heliconia orthotricha 'Imperial' 359

Heliconia orthotricha 'Lehua' 360

Heliconia orthotricha 'Limon' 361

Heliconia orthotricha 'Macas pink' 362

Heliconia orthotricha 'Oreole Orange' 363

Heliconia psittacorum 364

Heliconia psittacorum 'Fuchsia' 365

Heliconia psittacorum 'Golden opal' 366

Heliconia psittacorum 'Kathy' 367

Heliconia psittacorum 'Strawberries and cream' 368

Heliconia psittacorum 'Suriname sassy' 369

Heliconia rostrata 370

Heliconia spathocircinata 371

Heliconia stricta 372

Heliconia stricta 'Fire bird' 373

Heptapleurum actinophyllum 117

Hesperocyparis lusitanica 119

Heterocentron elegans 376

Hohenbergia correia-arauji 224

Hymenocallis caribaea 379

Hypoestes phyllostachya 380

Iresine diffusa f. *herbstii* 124

Ixora casei 125

Ixora chinensis 126

Ixora coccinea 127

Ixora undulata 128

Jasminum multiflorum 130

Justicia brandegeeana 383

Kopsia fruticosa 133

Leea rubra 135

Licuala grandis 469

Licuala spinosa 470

Livistona australis 471

Malvaviscus arboreus 137

Maranta cristata 388

Maranta leuconeura 389

Monstera adansonii 391

Murraya paniculata 139

Musa acuminata 140

Musa coccinea 141

Mussaenda × *philippica* 'Doña luz' 144

Mussaenda × *philippica* 'Queen sirikit' 145

Mussaenda erythrophylla 146

Mussaenda frondosa 147

Nematanthus gregarius 392

Nematanthus wettsteinii 393

Neoregelia camorimiana 225

Neoregelia carolinae 226

Neoregelia carolinae 'Tricolor' 227

Neoregelia chlorosticta 228

Neoregelia compacta 229

Neoregelia compacta 'Bossa nova' 230

Neoregelia compacta 'Variegata' 231

Neoregelia fosteriana 232

Neoregelia johannis 233

Neoregelia macwilliamsii 'Sheba' 234

Neoregelia marmorata 235

Neoregelia sp. 'Fireball' 236

Neoregelia sp. 'Raphael' 237

Nephrolepis biserrata 394

Nidularium innocentii 238

Nidularium rutilans 'Variegata' 239

Opuntia leucotricha 525

Pachypodium lamerei 526

Pachystachys lutea 151

Pachystachys spicata 152

Paspalum notatum 492

Peperomia argyraea 402

Peperomia caperata 403

Peperomia caperata 'Rosso' 404

Peperomia obtusifolia 405

Peperomia serpens 406

Pericallis cruenta 407

Philodendron gloriosum 411

Philodendron hederaceum 412

Philodendron imbe 413

Philodendron martianum 414

Philodendron mayoi 415

Philodendron melanochrysum 416

Philodendron panduriforme 417

Philodendron sagittifolium 418

Philodendron speciosum 155

Phlebodium aureum 419

Phymatosorus scolopendria 422

Pilea cadierei 423

Pilea microphylla 424

Pilea nummulariifolia 493

Pinanga coronata 474

Pistia stratiotes 425

Pleroma gaudichaudianum 163

Pleroma heteromallum 164

Pleroma mutabile 'Nana' 165

Polyscias filicifolia 168

Polyscias fruticosa 169

Polyscias guilfoylei 170

Ravenala madagascariensis 171

Rhaphidophora decursiva 431

Rhapis excelsa 475

Rosenbergiodendron formosum 175

Rotheca myricoides 176

Rothmannia longiflora 177

Ruellia chartacea 178

Sanchezia oblonga 181

Schlumbergera truncata 530

Scindapsus pictus 435

Seemannia sylvatica 436

Selaginella umbrosa 437

Selenicereus anthonyanus 533

Senna polyphylla 182

Sinningia speciosa 439

Spathiphyllum cannifolium 440

Spathiphyllum ortgiesii 'Sensation' 441

Spathiphyllum wallisii 442

Sphagneticola trilobata 443

Strelitzia alba 184

Strelitzia juncea 444

Strobilanthes alternata 497

Strongylodon macrobotrys 560

Syagrus weddelliana 478

Syngonium podophyllum 448

Tetrastigma voinierianum 561

Thunbergia fragrans 562

Thunbergia mysorensis 564

Tillandsia guatemalensis 240

Tillandsia usneoides 241

Tradescantia pallida 534
Turnera subulata 454
Typhonodorum lindleyanum 455
Urceolina × grandif 456
Vriesea bituminosa 242
Vriesea carinata 243
Vriesea carinata × barilletii 'Mariae' 244
Vriesea ensiformis 245
Vriesea fenestralis 246
Vriesea fosteriana 247
Vriesea fosteriana var. seideliana 248
Vriesea gigantea 249
Vriesea hieroglyphica 250
Vriesea saundersii 251
Vriesea splendens × glutinosa 'Splendide' 252
Washingtonia filifera 479
Wittrockia superba 253
Yucca gigantea 187
Zamioculcas zamiifolia 459
Zingiber spectabile 462

AMENO A FRIO

Ageratum houstonianum 259
Alcea rosea 261
Antirrhinum majus 269
Argyranthemum frutescens 271
Asparagus setaceus 541
Aster ageratoides 275
Axonopus compressus 485
Beaumontia grandiflora 542
Begonia cucullata 277
Brachyscome multifida 278
Brachyscome multifida 'Lemon mist' 279
Brassica oleracea 'Acephala' 280
Browallia americana 281
Brunfelsia uniflora 71
Calceolaria × herbeohybrida 283
Callistemon viminalis 80
Camellia japonica 81
Centaurea gymnocarpa 288
Chaenostoma cordatum 289
Chamaecyparis lawsoniana 'Albo picta' 85
Chamaecyparis obtusa 'Cripssii' 87
Coreopsis lanceolata 297
Cotoneaster buxifolius 94
Cyclamen persicum 304
Delairea odorata 548
Dietes iridioides 314
Eustoma russellianum 321
Freesia × kewensis 324
Fuchsia × standishii 325
Gardenia jasminoides 112
Gerbera jamesonii 326
Glechoma hederacea 'Variegata' 329
Gunnera manicata 339
Gypsophila paniculata 340
Hydrangea macrophylla 123
Juniperus chinensis 'Kaizuka' 131
Leucanthemum vulgare 384
Mauranthemum paludosum 390
Oxalis spiralis 491
Parthenocissus tricuspidata 556
Pelargonium peltatum 400
Pentas lanceolata 401
Petrea volubilis 557
Petunia × atkinsiana 408
Petunia × atkinsiana 'Dreams' 409
Petunia integrifolia 410
Philodendron undulatum 156
Phlox paniculata 420
Platycladus orientalis 'Rosedalis' 160
Plectranthus verticillatus 494
Podocarpus macrophyllus 'Maki' 167
Podranea ricasoliana 558
Primula × polyantha 428
Primula malacoides 429
Primula obconica 430
Rhododendron simsii 172
Rosa gallica 174
Rudbeckia hirta 432
Salvia leucantha 180
Spiraea cantoniensis 183
Torenia fournieri 451
Tropaeolum majus 453
Viola × wittrockiana 458
Wisteria floribunda 565
Zantedeschia aethiopica 460
Zephyranthes candida 461

QUENTE A FRIO

Abelia × grandiflora 58

Adiantum
raddianum 256

Aeonium decorum 502

Aeschynanthus
pulcher 257

Agapanthus
africanus 258

Ajuga reptans 483

Allamanda
cathartica 538

Aloe arborescens 506

Aloe vera 507

Alternanthera sessilis
'Rubra' 267

Anthurium plowmanii 63

Antigonon leptopus 539

Aphelandra
squarrosa 270

Ardisia crenata 64

Asparagus densiflorus
'Myersii' 272

Asparagus densiflorus
'Sprengeri' 273

Bambusa tuldoides 65

Beaucarnea recurvata 67

Bougainvillea glabra 68

Bougainvillea
spectabilis 69

Buchozia japonica 72

Bulbine frutescens 510

Buxus sempervirens 73

Caladium bicolor 282

Calliandra brevipes 74

Calliandra tweediei 76

Callianthe darwinii 77

Callianthe
megapotamica 78

Callianthe striata 79

Capsicum annuum
'Conoides' 286

Catharanthus roseus 83

Catharanthus roseus var.
albus 84

Chlorophytum
comosum 290

Chrysalidocarpus
lutescens 468

Clerodendrum
thomsoniae 544

Clusia fluminensis 90

Clusia fluminensis 'Pedra
azul' 91

Combretum
fruticosum 545

Cordyline fruticosa 93

Cortaderia selloana 298

Cosmos bipinnatus 299

Crossandra nilotica 95

Ctenanthe setosa 301

Curculigo capitulata 303

Cuspidaria convoluta 547

Davallia solida var.
fejeensis 308

Dietes bicolor 313

Dracaena trifasciata
subsp. trifasciata 316

Drepanostachyum
falcatum 101

Duranta erecta 102

Duranta erecta 'Gold
mound' 103

Echeveria gibbiflora 515

Equisetum
giganteum 318

Eranthemum
purpurascens 104

Eugenia sprengelii 105

Euonymus japonicus 106

Euphorbia ingens 516

Euphorbia lactea
'Cristata' 517

Exacum affine 323

Ficus elastica 109

Ficus leprieurii 110

Ficus lyrata 111

Ficus pumila 549

Glebionis segetum 328

Gomphrena globosa 337

Grevillea banksii 113

Hebe speciosa 114

Hedera canariensis 550

Hedera helix 551

Hedychium
coccineum 115

Hedychium
coronarium 341

Helianthus annuus 116

Helichrysum
petiolare 342

Hemerocallis fulva 374

Heptapleurum
arboricola 118

Hesperocyparis
macrocarpa 120

Hibiscus
rosa-sinensis 121

Hippeastrum
elegans 376

Hippeastrum
puniceum 377

Hippobroma
longiflora 378

Holmskioldia
sanguinea 122

Impatiens hawkeri 381

Impatiens walleriana 382

Ipomoea cairica 552

Ipomoea horsfalliae 553

Ipomoea purpurea 554

Jasminum mesnyi 129

Justicia floribunda 132

Kalanchoe
blossfeldiana 522

Lantana camara 134

Ligustrum sinense
'Variegata' 136

575

Lilium wallichianum 385
Limnocharis flava 386
Livistona chinensis 472
Lobularia maritima 387
Lonicera japonica 555
Lysimachia congestiflora 490
Monstera deliciosa 138
Musa ornata 142
Musa ornata 'Royal' 143
Nandina domestica 148
Nephrolepis cordifolia 395
Nephrolepis exaltata 'Bostoniensis' 396
Nephrolepis exaltata 'Florida ruffle' 397
Nerium oleander 149
Odontonema tubaeforme 150
Ophiopogon jaburan 398
Ophiopogon japonicus 399
Opuntia cochenillifera 523
Philodendron undulatum 156
Opuntia ficus-indica 524
Pelargonium × *hybridum* 153
Philodendron bipinnatifidum 154
Philodendron xanadu 157
Phoenix roebelenii 473
Phormium tenax 421
Phyllostachys aurea 158
Phyllostachys edulis 159
Platycerium bifurcatum 426
Plectranthus glabratus 427
Pleioblastus simonii 159

Plerandra elegantissima 160
Plumbago auriculata 164
Portulaca grandiflora 527
Portulaca oleracea 528
Pyrostegia venusta 559
Rhipsalis pilocarpa 529
Rosa chinensis 174
Russelia equisetiformis 179
Sabal minor 476
Salvia splendens 433
Scaevola aemula 434
Sedum morganianum 531
Sedum praealtum 532
Selaginella kraussiana 495
Senecio flaccidus var. *douglasii* 438
Serenoa repens 477
Stenotaphrum secundatum 496
Strelitzia reginae 445
Strelitzia reginae 'Citrina' 446
Tagetes erecta 449
Tagetes erecta 'Patula' 450
Thunbergia erecta 185
Thunbergia grandiflora 563
Tradescantia spathacea 452
Tradescantia zebrina 535
Verbena × *hybrida* 457
Viburnum suspensum 186
Zinnia peruviana 463
Zoysia japonica 498
Zoysia matrella 499

FLORAÇÃO

PRIMAVERA- -VERÃO

Aechmea blanchetiana 190
Aechmea bromeliifolia 191
Aechmea chantinii 192
Aechmea chantinii 'Black' 193
Aechmea correia-araujoi 194
Aechmea fasciata 195
Aechmea gamosepala 'Variegata' 197
Aechmea orlandiana 198
Aechmea orlandiana 'Belloi' 199
Aechmea pineliana 200
Aechmea rubens 201
Aechmea smithorum 202
Aechmea vallerandii 203
Aeschynanthus pulcher 257
Agapanthus africanus 258
Ageratum houstonianum 259
Alcantarea imperialis 204
Alcea rosea 261
Allamanda blanchetii 61
Alpinia zerumbet 266
Ananas comosus 'Bracteatus' 205
Ananas comosus 'Comosus' 206
Anthurium andraeanum 62
Antigonon leptopus 539
Aphelandra squarrosa 270

Arachis repens 484

Aristolochia gigantea 540

Astrophytum ornatum 508

Beaumontia grandiflora 542

Begonia × *tuberhybrida* 509

Billbergia hybridus 'Hallelujah' 207

Billbergia pyramidalis 208

Browallia americana 281

Brunfelsia uniflora 71

Calceolaria × *herbeohybrida* 283

Calliandra brevipes 74

Calliandra haematocephala var. *haematocephala* 75

Calliandra tweediei 76

Callianthe darwinii 77

Callianthe striata 79

Callistemon viminalis 80

Canistropsis billbergioides 209

Canistropsis seidelii 210

Canna paniculata 285

Celosia argentea 287

Chrysanthemum × *morifolium* 291

Cleistocactus strausii 511

Clerodendrum × *speciosum* 88

Clerodendrum thomsoniae 544

Clusia fluminensis 90

Clusia fluminensis 'Pedra azul' 91

Coleus scutellarioides 292

Columnea microcalyx 296

Combretum fruticosum 545

Congea tomentosa 546

Coreopsis lanceolata 297

Cortaderia selloana 298

Cotoneaster buxifolius 94

Crossandra nilotica 95

Cryptanthus bivittatus 211

Cryptanthus warren-loosei 212

Cryptanthus zonatus 'Fosterianus' 214

Cuspidaria convoluta 547

Cyclamen persicum 304

Deuterocohnia meziana 215

Dianthus chinensis 309

Dichorisandra thyrsiflora 514

Duranta erecta 102

Episcia cupreata 487

Etlingera elatior 319

Etlingera elatior 'Alba' 320

Eugenia sprengelii 105

Euphorbia lactea 'Cristata' 517

Evolvulus pusillus 488

Freesia × *kewensis* 324

Fuchsia × *standishii* 325

Gardenia jasminoides 112

Gerbera jamesonii 326

Glebionis segetum 328

Glechoma hederacea 'Variegata' 329

Gomphrena globosa 337

Guzmania dissitiflora 217

Guzmania lingulata × *conifera* 'Torch' 219

Guzmania sanguinea 222

Gypsophila paniculata 340

Hebe speciosa 114

Hedychium coccineum 115

Helianthus annuus 116

Heliconia bihai 'Lobster claw' 346

Heliconia bihai 'Yellow dancer' 347

Heliconia collinsiana 349

Heliconia farinosa 350

Heliconia hirsuta 'Yellow panama' 354

Heliconia latispatha 355

Heliconia orthotricha 'Candle cane' 356

Heliconia stricta 'Fire bird' 373

Heliconia stricta 372

Hemerocallis fulva 374

Heptapleurum actinophyllum 117

Heptapleurum arboricola 118

Hippeastrum elegans 376

Hippeastrum puniceum 377

Hippobroma longiflora 378

Holmskioldia sanguinea 122

Hydrangea macrophylla 123

Ipomoea cairica 552

Ipomoea horsfalliae 553

Ipomoea purpurea 554

Ixora coccinea 127

Ixora undulata 128

Justicia floribunda 132

Kalanchoe blossfeldiana 522

Kopsia fruticosa 133

Leucanthemum vulgare 384

Ligustrum sinense 'Variegata' 136

Lilium wallichianum 385

Lobularia maritima 387

Lonicera japonica 555

Lysimachia congestiflora 490

Mauranthemum paludosum 390

Musa coccinea 141

Musa ornata 142

Mussaenda × philippica 'Doña luz' 144

Mussaenda × philippica 'Queen sirikit' 145

Mussaenda erythrophylla 146

Nandina domestica 148

Nerium oleander 149

Nidularium innocentii 238

Nidularium rutilans 'Variegata' 239

Odontonema tubaeforme 150

Opuntia ficus-indica 524

Oxalis spiralis 491

Pachypodium lamerei 526

Pachystachys lutea 151

Pachystachys spicata 152

Pelargonium × hybridum 153

Pelargonium peltatum 400

Pericallis cruenta 407

Petrea volubilis 557

Petunia × atkinsiana 408

Petunia × atkinsiana 'Dreams' 409

Phlox paniculata 420

Pleroma heteromallum 164

Podranea ricasoliana 558

Portulaca grandiflora 527

Portulaca oleracea 528

Primula × polyantha 428

Primula malacoides 429

Primula obconica 430

Rhipsalis pilocarpa 529

Rosenbergiodendron formosum 175

Rudbeckia hirta 432

Scaevola aemula 434

Sedum morganianum 531

Senna polyphylla 182

Sinningia speciosa 439

Spathiphyllum cannifolium 440

Spathiphyllum ortgiesii 'Sensation' 441

Spathiphyllum wallisii 442

Strobilanthes alternata 497

Strongylodon macrobotrys 560

Tagetes erecta 449

Tagetes erecta 'Patula' 450

Thunbergia mysorensis 564

Tillandsia guatemalensis 240

Tillandsia usneoides 241

Torenia fournieri 451

Tropaeolum majus 453

Viola × wittrockiana 458

Vriesea bituminosa 242

Vriesea carinata 243

Vriesea carinata × barilletii 'Mariae' 244

Vriesea ensiformis 245

Vriesea fenestralis 246

Vriesea fosteriana 247

Vriesea fosteriana var. seideliana 248

Vriesea gigantea 249

Vriesea hieroglyphica 250

Vriesea saundersii 251

Vriesea splendens × glutinosa 'Splendide' 252

Wittrockia superba 253

Yucca gigantea 187

Zantedeschia aethiopica 460

Zephyranthes candida 461

Zingiber spectabile 462

OUTONO-INVERNO

Abelia × grandiflora 58

Aechmea fulgens × ramosa 'Festival' 196

Aloe arborescens 506

Antirrhinum majus 269

Aster ageratoides 275

Bougainvillea glabra 68

Brassica oleracea 'Acephala' 280

Camellia japonica 81

Capsicum annuum 'Conoides' 286

Chaenostoma cordatum 289

Clerodendrum infortunatum 89

Clerodendrum splendens 543

Eranthemum purpurascens 104

Euphorbia pulcherrima 107

Heliconia angusta 343

Heliconia angusta 'Orange christmas' 344

Heliconia angusta 'Yellow christmas' 345

Heliconia caribaea 'Cream' 348

Heliconia foreroi 'Hot Rio Night' 351

Heliconia hirsuta 'Burle-marxii' 353

Hohenbergia correia-arauji 224

Jasminum multiflorum 130

Nematanthus gregarius 392

Pleroma mutabile 'Nana' 165

Pyrostegia venusta 559

Ravenala madagascariensis 171

Rhododendron simsii 172

Rothmannia longiflora 177

Ruellia chartacea 178

Schlumbergera truncata 530

Sedum praealtum 532

Selenicereus anthonyanus 533

Spiraea cantoniensis 183

Viburnum suspensum 186

Wisteria floribunda 565

ANO TODO

Acalypha chamaedrifolia 482

Acalypha hispida 59

Allamanda cathartica 538

Aloe vera 507

Alpinia purpurata 264

Alpinia purpurata 'Rosea' 265

Anthurium plowmanii 63

Anthurium scherzerianum 268

Ardisia crenata 64

Argyranthemum frutescens 271

Asparagus setaceus 541

Asystasia gangetica 276

Barleria cristata 66

Begonia cucullata 277

Bougainvillea spectabilis 69

Brachyscome multifida 278

Brachyscome multifida 'Lemon mist' 279

Buchozia japonica 72

Bulbine frutescens 510

Callianthe megapotamica 78

Canna × *hybrida* 284

Catharanthus roseus 83

Catharanthus roseus var. *albus* 84

Cosmos bipinnatus 299

Costus spiralis 300

Cryptanthus zonatus 213

Cuphea gracilis 302

Delairea odorata 548

Dietes bicolor 313

Dietes iridioides 314

Euphorbia milii 518

Eustoma russellianum 321

Evolvulus glomeratus 322

Exacum affine 323

Gibasis pellucida 327

Grevillea banksii 113

Guzmania conifera 216

Guzmania lingulata 218

Guzmania lingulata var. 'Minor' 221

Guzmania lingulata var. *lingulata* 220

Guzmania schezeriana 223

Hedychium coronarium 341

Heliconia hirsuta 352

Heliconia orthotricha 'Eden pink' 357

Heliconia orthotricha 'Edge of nite' 358

Heliconia orthotricha 'Imperial' 359

Heliconia orthotricha 'Lehua' 360

Heliconia orthotricha 'Limon' 361

Heliconia orthotricha 'Macas pink' 362

Heliconia orthotricha 'Oreole Orange' 363

Heliconia psittacorum 364

Heliconia psittacorum 'Fuchsia' 365

Heliconia psittacorum 'Golden opal' 366

Heliconia psittacorum 'Kathy' 367

Heliconia psittacorum 'Strawberries and cream' 368

Heliconia psittacorum 'Suriname sassy' 369

Heliconia rostrata 370

Heliconia spathocircinata 371

Heterocentron
elegans 375

Hibiscus
rosa-sinensis 121

Hymenocallis
caribaea 379

Impatiens hawkeri 381

Impatiens walleriana 382

Ixora casei 125

Ixora chinensis 126

Jasminum mesnyi 129

Justicia
brandegeeana 383

Lantana camara 134

Limnocharis flava 386

Lysimachia
congestiflora 490

Malvaviscus
arboreus 137

Murraya paniculata 139

Musa ornata 'Royal' 143

Mussaenda frondosa 147

Nematanthus
wettsteinii 393

Neoregelia
camorimiana 225

Neoregelia carolinae 226

Neoregelia carolinae
'Tricolor' 227

Neoregelia
compacta 229

Neoregelia compacta
'Bossa nova' 230

Neoregelia compacta
'Variegata' 231

Neoregelia
fosteriana 232

Neoregelia johannis 233

Neoregelia macwilliamsii
'Sheba' 234

Neoregelia
marmorata 235

Neoregelia sp.
'Fireball' 236

Neoregelia sp.
'Raphael' 237

Opuntia
cochenillifera 523

Pentas lanceolata 401

Petunia integrifolia 410

Pleroma
gaudichaudianum 163

Plumbago auriculata 166

Podranea ricasoliana 558

Rosa chinensis 173

Rosa gallica 174

Rotheca myricoides 176

Russelia
equisetiformis 179

Salvia leucantha 180

Salvia splendens 433

Sanchezia oblonga 181

Seemannia sylvatica 436

Sphagneticola
trilobata 443

Strelitzia alba 184

Strelitzia juncea 444

Strelitzia reginae 445

Strelitzia reginae
'Citrina' 446

Streptocarpus
ionanthus 447

Thunbergia erecta 185

Thunbergia fragrans 562

Thunbergia
grandiflora 563

Turnera subulata 454

Urceolina × grandif 456

Verbena × hybrida 457

Zinnia peruviana 463

LUMINOSIDADE

PLENO SOL

Abelia × grandiflora 58

Acalypha
chamaedrifolia 482

Acalypha hispida 59

Acalypha wilkesiana 60

Aechmea
blanchetiana 190

Aechmea
bromeliifolia 191

Aechmea orlandiana 198

Aechmea pineliana 200

Aeonium decorum 502

Agapanthus
africanus 258

Agave americana 503

Agave angustifolia 504

Agave attenuata 505

Ageratum
houstonianum 259

Alcantarea
imperialis 204

Alcea rosea 261

Allamanda blanchetii 61

Allamanda
cathartica 538

Alocasia
macrorrhizos 263

Aloe arborescens 506

Aloe vera 507

Alpinia purpurata 264

Alpinia purpurata
'Rosea' 265

Alpinia zerumbet 266

Alternanthera sessilis
'Rubra' 267

Ananas comosus
'Bracteatus' 205

Ananas comosus
'Comosus' 206

Antigonon leptopus 539

Antirrhinum majus 269

Arachis repens 484

Ardisia crenata 64

Argyranthemum frutescens 271

Aristolochia gigantea 540

Aster ageratoides 275

Astrophytum ornatum 508

Asystasia gangetica 276

Axonopus compressus 485

Bambusa tuldoides 65

Barleria cristata 66

Beaucarnea recurvata 67

Beaumontia grandiflora 542

Begonia × tuberhybrida 509

Begonia cucullata 277

Bismarckia nobilis 466

Bougainvillea glabra 68

Bougainvillea spectabilis 69

Brachyscome multifida 278

Brachyscome multifida 'Lemon mist' 279

Breynia disticha 70

Browallia americana 281

Brunfelsia uniflora 71

Buchozia japonica 72

Bulbine frutescens 510

Buxus sempervirens 73

Caladium bicolor 282

Calliandra brevipes 74

Calliandra haematocephala var. *haematocephala* 75

Calliandra tweediei 76

Callianthe darwinii 77

Callianthe megapotamica 78

Callianthe striata 79

Callistemon viminalis 80

Camellia japonica 81

Canistropsis billbergioides 209

Canna × hybrida 284

Canna paniculata 285

Carludovica palmata 82

Caryota mitis 467

Catharanthus roseus 83

Catharanthus roseus var. *albus* 84

Celosia argentea 287

Centaurea gymnocarpa 288

Chamaecyparis lawsoniana 'Albo picta' 85

Chamaecyparis lawsoniana 'Lanei' 86

Chamaecyparis obtusa 'Cripssii' 87

Chrysalidocarpus lutescens 468

Cleistocactus strausii 511

Clerodendrum × speciosum 88

Clerodendrum infortunatum 89

Clerodendrum splendens 543

Clerodendrum thomsoniae 544

Clusia fluminensis 90

Clusia fluminensis 'Pedra azul' 91

Codiaeum variegatum 92

Coleus scutellarioides 292

Colocasia esculenta 293

Colocasia esculenta var. *illustris* 294

Colocasia fontanesii 295

Combretum fruticosum 545

Congea tomentosa 546

Cordyline fruticosa 93

Coreopsis lanceolata 297

Cortaderia selloana 298

Cosmos bipinnatus 299

Cotoneaster buxifolius 94

Crassula ovata 512

Cryptanthus warren-loosei 212

Cuphea gracilis 302

Cuspidaria convoluta 547

Cycas revoluta 96

Cyperus alternifolius 305

Cyperus haspan 306

Cyperus papirus 307

Delairea odorata 548

Deuterocohnia meziana 215

Dianthus chinensis 309

Dichorisandra thyrsiflora 514

Dietes bicolor 313

Dietes iridioides 314

Dracaena fragrans 97

Dracaena reflexa 98

Dracaena reflexa var. *angustifolia* 99

Dracaena trifasciata subsp. *hahnii* 315

Dracaena trifasciata subsp. *trifasciata* 316

Drepanostachyum falcatum 101

Duranta erecta 102

Duranta erecta 'Gold mound' 103

581

Echeveria gibbiflora 515

Epipremnum pinnatum 317

Equisetum giganteum 318

Eranthemum purpurascens 104

Etlingera elatior 319

Etlingera elatior 'Alba' 320

Eugenia sprengelii 105

Euonymus japonicus 106

Euphorbia ingens 516

Euphorbia lactea 'Cristata' 517

Euphorbia milii 518

Euphorbia pulcherrima 107

Euphorbia resinifera 519

Evolvulus glomeratus 322

Evolvulus pusillus 488

Exacum affine 323

Ferocactus latispinus 520

Ficus benjamina 'Variegata' 108

Ficus leprieurii 110

Ficus pumila 549

Freesia × *kewensis* 324

Fuchsia × *standishii* 325

Gardenia jasminoides 112

Gerbera jamesonii 326

Glebionis segetum 328

Glechoma hederacea 'Variegata' 329

Gomphrena globosa 337

Grevillea banksii 113

Gunnera manicata 339

Gypsophila paniculata 340

Haworthiopsis attenuata 521

Hebe speciosa 114

Hedera canariensis 550

Hedera helix 551

Hedychium coccineum 115

Hedychium coronarium 341

Helianthus annuus 116

Helichrysum petiolare 342

Heliconia bihai 'Lobster claw' 346

Heliconia bihai 'Yellow dancer' 347

Heliconia collinsiana 349

Heliconia farinosa 350

Heliconia hirsuta 352

Heliconia hirsuta 'Burle-marxii' 353

Heliconia hirsuta 'Yellow panama' 354

Heliconia orthotricha 'Candle cane' 356

Heliconia orthotricha 'Eden pink' 357

Heliconia orthotricha 'Edge of nite' 358

Heliconia orthotricha 'Imperial' 359

Heliconia orthotricha 'Lehua' 360

Heliconia orthotricha 'Limon' 361

Heliconia orthotricha 'Macas pink' 362

Heliconia orthotricha 'Oreole Orange' 363

Heliconia psittacorum 364

Heliconia psittacorum 'Fuchsia' 365

Heliconia psittacorum 'Golden opal' 366

Heliconia psittacorum 'Kathy' 367

Heliconia psittacorum 'Strawberries and cream' 368

Heliconia psittacorum 'Suriname sassy' 369

Heliconia rostrata 370

Heliconia spathocircinata 371

Heliconia stricta 372

Heliconia stricta 'Fire bird' 373

Hemerocallis fulva 374

Heptapleurum actinophyllum 117

Heptapleurum arboricola 118

Hesperocyparis lusitanica 119

Hesperocyparis macrocarpa 120

Heterocentron elegans 375

Hibiscus rosa-sinensis 121

Hippeastrum elegans 376

Hippeastrum puniceum 377

Hippobroma longiflora 378

Holmskioldia sanguinea 122

Hydrangea macrophylla 123

Hymenocallis caribaea 379

Hypoestes phyllostachya 380

Impatiens hawkeri 381

Impatiens walleriana 382

Ipomoea cairica 552

Ipomoea horsfalliae 553

Ipomoea purpurea 554

Iresine diffusa f. *herbstii* 124

Ixora casei 125

Ixora chinensis 126

Ixora coccinea 127

Ixora undulata 128

Jasminum mesnyi 129

Jasminum multiflorum 130

Juniperus chinensis 'Kaizuka' 131

Justicia brandegeeana 383

Justicia floribunda 132

Kalanchoe blossfeldiana 522

Kopsia fruticosa 133

Lantana camara 134

Leucanthemum vulgare 384

Licuala spinosa 470

Ligustrum sinense 'Variegata' 136

Lilium wallichianum 385

Limnocharis flava 386

Livistona australis 471

Livistona chinensis 472

Lobularia maritima 387

Lonicera japonica 555

Lysimachia congestiflora 490

Malvaviscus arboreus 137

Mauranthemum paludosum 390

Murraya paniculata 139

Musa acuminata 140

Musa coccinea 141

Musa ornata 142

Musa ornata 'Royal' 143

Mussaenda × *philippica* 'Doña luz' 144

Mussaenda × *philippica* 'Queen sirikit' 145

Mussaenda erythrophylla 146

Mussaenda frondosa 147

Nandina domestica 148

Neoregelia camorimiana 225

Neoregelia compacta 229

Neoregelia compacta 'Bossa nova' 230

Neoregelia compacta 'Variegata' 231

Neoregelia fosteriana 232

Neoregelia johannis 233

Neoregelia macwilliamsii 'Sheba' 234

Neoregelia marmorata 235

Neoregelia sp. 'Fireball' 236

Neoregelia sp. 'Raphael' 237

Nerium oleander 149

Odontonema tubaeforme 150

Ophiopogon jaburan 398

Opuntia cochenillifera 523

Opuntia ficus-indica 524

Opuntia leucotricha 525

Oxalis spiralis 491

Pachypodium lamerei 526

Pachystachys lutea 151

Parthenocissus tricuspidata 556

Paspalum notatum 492

Pelargonium × *hybridum* 153

Pelargonium peltatum 400

Pentas lanceolata 401

Pericallis cruenta 407

Petrea volubilis 557

Petunia × *atkinsiana* 408

Petunia × *atkinsiana* 'Dreams' 409

Petunia integrifolia 410

Philodendron bipinnatifidum 154

Philodendron hederaceum 412

Philodendron imbe 413

Philodendron mayoi 415

Philodendron speciosum 155

Philodendron undulatum 156

Phlox paniculata 420

Phoenix roebelenii 473

Phormium tenax 421

Phyllostachys aurea 158

Phyllostachys edulis 159

Pilea microphylla 424

Pinanga coronata 474

Pistia stratiotes 425

Platycladus orientalis 'Rosedalis' 160

Pleioblastus simonii 161

Plerandra elegantissima 162

Pleroma gaudichaudianum 163

Pleroma heteromallum 164

Pleroma mutabile 'Nana' 165

Plumbago auriculata 166

Podocarpus macrophyllus 'Maki' 167

Podranea ricasoliana 558

Polyscias filicifolia 168

Polyscias guilfoylei 170

Portulaca grandiflora 527

Portulaca oleracea 528

583

Pyrostegia venusta 559
Ravenala madagascariensis 171
Rhapis excelsa 475
Rhododendron simsii 172
Rosa chinensis 173
Rosa gallica 174
Rosenbergiodendron formosum 175
Rotheca myricoides 176
Rothmannia longiflora 177
Rudbeckia hirta 432
Russelia equisetiformis 179
Sabal minor 476
Salvia leucantha 180
Salvia splendens 433
Sanchezia oblonga 181
Scaevola aemula 434
Sedum morganianum 531
Sedum praealtum 532
Senecio flaccidus var. douglasii 438
Senna polyphylla 182
Serenoa repens 477
Sphagneticola trilobata 443
Spiraea cantoniensis 183
Stenotaphrum secundatum 496
Strelitzia alba 184
Strelitzia juncea 444
Strelitzia reginae 445
Strelitzia reginae 'Citrina' 446
Strongylodon macrobotrys 560
Tagetes erecta 449
Tagetes erecta 'Patula' 450

Tetrastigma voinierianum 561
Thunbergia erecta 185
Thunbergia fragrans 562
Thunbergia grandiflora 563
Thunbergia mysorensis 564
Tillandsia usneoides 241
Torenia fournieri 451
Tradescantia pallida 534
Tradescantia spathacea 452
Tradescantia zebrina 535
Tropaeolum majus 453
Turnera subulata 454
Typhonodorum lindleyanum 455
Verbena × hybrida 457
Viburnum suspensum 186
Washingtonia filifera 479
Wisteria floribunda 565
Wittrockia superba 253
Yucca gigantea 187
Zamioculcas zamiifolia 459
Zantedeschia aethiopica 460
Zephyranthes candida 461
Zinnia peruviana 463
Zoysia japonica 498
Zoysia matrella 499

MEIA-SOMBRA

Acalypha wilkesiana 60
Adiantum raddianum 256
Aechmea blanchetiana 190

Aechmea bromeliifolia 191
Aechmea chantinii 192
Aechmea chantinii 'Black' 193
Aechmea correia-araujoi 194
Aechmea fasciata 195
Aechmea gamosepala 'Variegata' 197
Aechmea orlandiana 198
Aechmea orlandiana 'Belloi' 199
Aechmea pineliana 200
Aechmea rubens 201
Aechmea smithorum 202
Aechmea vallerandii 203
Aeonium decorum 502
Aeschynanthus pulcher 257
Agapanthus africanus 258
Aglaonema commutatum 'Pseudobracteatum' 260
Ajuga reptans 483
Alcantarea imperialis 204
Allamanda cathartica 538
Alocasia × mortfontanensis 262
Alocasia macrorrhizos 263
Anthurium andraeanum 62
Anthurium plowmanii 63
Anthurium scherzerianum 268
Aphelandra squarrosa 270
Asparagus densiflorus 'Myersii' 272
Asparagus densiflorus 'Sprengeri' 273

Asparagus setaceus 541

Asplenium nidus 274

Asystasia gangetica 276

Axonopus compressus 485

Barleria cristata 66

Begonia × *tuberhybrida* 509

Begonia cucullata 277

Billbergia hybridus 'Hallelujah' 207

Brassica oleracea 'Acephala' 280

Breynia disticha 70

Buxus sempervirens 73

Caladium bicolor 282

Calceolaria × *herbeohybrida* 283

Callisia repens 486

Canistropsis billberqioides 209

Canistropsis seidelii 210

Capsicum annuum 'Conoides' 286

Carludovica palmata 82

Chaenostoma cordatum 289

Chlorophytum comosum 290

Chrysalidocarpus lutescens 468

Chrysanthemum × *morifolium* 291

Clusia fluminensis 90

Clusia fluminensis 'Pedra azul' 91

Coleus scutellarioides 292

Colocasia esculenta 293

Colocasia esculenta var. *illustris* 294

Colocasia fontanesii 295

Columnea microcalyx 296

Cordyline fruticosa 93

Costus spiralis 300

Crossandra nilotica 95

Cryptanthus bivittatus 211

Cryptanthus warren-loosei 212

Cryptanthus zonatus 213

Cryptanthus zonatus 'Fosterianus' 214

Ctenanthe setosa 301

Cuphea gracilis 302

Curculigo capitulata 303

Curio rowleyanus 513

Cycas revoluta 96

Cyclamen persicum 304

Cyperus papirus 307

Davallia solida var. *fejeensis* 308

Delairea odorata 548

Dichorisandra thyrsiflora 514

Dieffenbachia seguine 310

Dieffenbachia seguine 'Maculatum' 311

Dieffenbachia seguine 'Picta' 312

Dietes bicolor 313

Dracaena fragrans 97

Dracaena reflexa 98

Dracaena surculosa var. *surculosa* 100

Dracaena trifasciata subsp. *hahnii* 315

Dracaena trifasciata subsp. *trifasciata* 316

Drepanostachyum falcatum 101

Duranta erecta 'Gold mound' 103

Echeveria gibbiflora 515

Epipremnum pinnatum 317

Etlingera elatior 'Alba' 320

Eugenia sprengelii 105

Eustoma russellianum 321

Evolvulus glomeratus 322

Exacum affine 323

Ficus elastica 109

Ficus leprieurii 110

Ficus lyrata 111

Fittonia albivenis 489

Gibasis pellucida 327

Glechoma hederacea 'Variegata' 329

Goeppertia insignis 331

Goeppertia makoyana 332

Goeppertia picturata 333

Goeppertia roseopicta 334

Goeppertia veitchiana 335

Goeppertia zebrina 336

Goniophlebium persicifolium 338

Gunnera manicata 339

Guzmania sanguinea 222

Gypsophila paniculata 340

Hedera canariensis 550

Hedera helix 551

Heliconia angusta 343

Heliconia angusta 'Orange christmas' 344

Heliconia angusta 'Yellow christmas' 345

Heliconia bihai 'Lobster claw' 346

Heliconia bihai 'Yellow dancer' 347

585

Heliconia caribaea 'Cream' 348
Heliconia collinsiana 349
Heliconia farinosa 350
Heliconia foreroi 'Hot Rio Night' 351
Heliconia hirsuta 352
Heliconia hirsuta 'Burle-marxii' 353
Heliconia latispatha 355
Heliconia orthotricha 'Candle cane' 356
Heliconia orthotricha 'Eden pink' 357
Heliconia orthotricha 'Edge of nite' 358
Heliconia orthotricha 'Imperial' 359
Heliconia orthotricha 'Lehua' 360
Heliconia orthotricha 'Limon' 361
Heliconia orthotricha 'Macas pink' 362
Heliconia orthotricha 'Oreole Orange' 363
Heliconia psittacorum 364
Heliconia psittacorum 'Fuchsia' 365
Heliconia psittacorum 'Golden opal' 366
Heliconia psittacorum 'Kathy' 367
Heliconia psittacorum 'Strawberries and cream' 368
Heliconia psittacorum 'Suriname sassy' 369
Heliconia rostrata 370
Heliconia spathocircinata 371
Heliconia stricta 372
Heliconia stricta 'Fire bird' 373

Heptapleurum arboricola 118
Heterocentron elegans 375
Hippeastrum elegans 376
Hohenbergia correia-arauji 224
Hymenocallis caribaea 379
Hypoestes phyllostachya 380
Impatiens hawkeri 381
Impatiens walleriana 382
Leea rubra 135
Licuala grandis 469
Licuala spinosa 470
Livistona chinensis 472
Lonicera japonica 555
Lysimachia congestiflora 490
Maranta cristata 388
Maranta leuconeura 389
Monstera adansonii 391
Monstera deliciosa 138
Murraya paniculata 139
Musa coccinea 141
Nandina domestica 148
Nematanthus gregarius 392
Nematanthus wettsteinii 393
Neoregelia camorimiana 225
Neoregelia carolinae 226
Neoregelia carolinae 'Tricolor' 227
Neoregelia chlorosticta 228
Neoregelia compacta 229
Neoregelia compacta 'Bossa nova' 230

Neoregelia compacta 'Variegata' 231
Neoregelia fosteriana 232
Neoregelia johannis 233
Neoregelia macwilliamsii 'Sheba' 234
Neoregelia marmorata 235
Neoregelia sp. 'Fireball' 236
Neoregelia sp. 'Raphael' 237
Nephrolepis biserrata 394
Nephrolepis cordifolia 395
Nephrolepis exaltata 'Bostoniensis' 396
Nephrolepis exaltata 'Florida ruffle' 397
Odontonema tubaeforme 150
Ophiopogon jaburan 398
Ophiopogon japonicus 399
Oxalis spiralis 491
Pachystachys lutea 151
Pachystachys spicata 152
Parthenocissus tricuspidata 556
Peperomia argyraea 402
Peperomia caperata 403
Peperomia caperata 'Rosso' 404
Peperomia obtusifolia 405
Peperomia serpens 406
Philodendron bipinnatifidum 154
Philodendron gloriosum 411
Philodendron hederaceum 412

Philodendron imbe 413

Philodendron martianum 414

Philodendron mayoi 415

Philodendron melanochrysum 416

Philodendron panduriforme 417

Philodendron sagittifolium 418

Philodendron speciosum 155

Philodendron undulatum 156

Philodendron xanadu 157

Phlebodium aureum 419

Phormium tenax 421

Phymatosorus scolopendria 422

Pilea cadierei 423

Pilea microphylla 424

Pilea nummulariifolia 493

Pinanga coronata 474

Platycerium bifurcatum 426

Plectranthus glabratus 427

Plectranthus verticillatus 494

Podocarpus macrophyllus 'Maki' 167

Polyscias filicifolia 168

Polyscias fruticosa 169

Polyscias guilfoylei 170

Primula × polyantha 428

Primula malacoides 429

Primula obconica 430

Rhaphidophora decursiva 431

Rhapis excelsa 475

Rhipsalis pilocarpa 529

Rosenbergiodendron formosum 175

Ruellia chartacea 178

Scaevola aemula 434

Schlumbergera truncata 530

Scindapsus pictus 435

Sedum morganianum 531

Seemannia sylvatica 436

Selaginella kraussiana 495

Selaginella umbrosa 437

Selenicereus anthonyanus 533

Sinningia speciosa 439

Spathiphyllum cannifolium 440

Spathiphyllum ortgiesii 'Sensation' 441

Spathiphyllum wallisii 442

Sphagneticola trilobata 443

Streptocarpus ionanthus 447

Strobilanthes alternata 497

Strongylodon macrobotrys 560

Syagrus weddelliana 478

Syngonium podophyllum 448

Tetrastigma voinierianum 561

Thunbergia erecta 185

Thunbergia mysorensis 564

Tillandsia guatemalensis 240

Tillandsia usneoides 241

Tradescantia spathacea 452

Tradescantia zebrina 535

Urceolina × grandif 456

Viola × wittrockiana 458

Vriesea bituminosa 242

Vriesea carinata 243

Vriesea carinata × barilletii 'Mariae' 244

Vriesea ensiformis 245

Vriesea fenestralis 246

Vriesea fosteriana 247

Vriesea hieroglyphica 250

Vriesea saundersii 251

Vriesea splendens × glutinosa 'Splendide' 252

Wittrockia superba 253

Zamioculcas zamiifolia 459

Zantedeschia aethiopica 460

Zephyranthes candida 461

Zingiber spectabile 462

SOMBRA

Aechmea correia-araujoi 194

Aechmea fasciata 195

Aechmea fulgens × ramosa 'Festival' 196

Aechmea rubens 201

Aglaonema commutatum 'Pseudobracteatum' 260

Asplenium nidus 274

Billbergia pyramidalis 208

Calceolaria × herbeohybrida 283

Curio rowleyanus 513

Dieffenbachia seguine 310

Dieffenbachia seguine 'Maculatum' 311

587

Dieffenbachia seguine 'Picta' 312

Episcia cupreata 487

Fittonia albivenis 489

Goeppertia insignis 331

Goeppertia makoyana 332

Goeppertia roseopicta 334

Goeppertia zebrina 336

Guzmania conifera 216

Guzmania dissitiflora 217

Guzmania lingulata 218

Guzmania lingulata var. 'Minor' 221

Guzmania lingulata × conifera 'Torch' 219

Guzmania lingulata var. lingulata 220

Guzmania schezeriana 223

Monstera adansonii 391

Nidularium innocentii 238

Nidularium rutilans 'Variegata' 239

Selaginella umbrosa 437

Strobilanthes alternata 497

Vriesea bituminosa 242

Vriesea carinata × barilletii 'Mariae' 244

Vriesea ensiformis 245

Vriesea fenestralis 246

Vriesea fosteriana 247

Vriesea fosteriana var. seideliana 248

Vriesea gigantea 249

Vriesea hieroglyphica 250

Vriesea saundersii 251

Vriesea splendens × glutinosa 'Splendide' 252

OBSERVAÇÕES

APRESENTAM CRESCIMENTO LENTO

Abelia × grandiflora 58

Acalypha wilkesiana 60

Alpinia purpurata 264

Alpinia purpurata 'Rosea' 265

Argyranthemum frutescens 271

Asparagus densiflorus 'Myersii' 272

Asparagus densiflorus 'Sprengeri' 273

Asparagus setaceus 541

Asystasia gangetica 276

Bambusa tuldoides 65

Clerodendrum infortunatum 89

Colocasia esculenta 293

Colocasia esculenta var. illustris 294

Cortaderia selloana 298

Curculigo capitulata 303

Dieffenbachia seguine 310

Dieffenbachia seguine 'Maculatum' 311

Dieffenbachia seguine 'Picta' 312

Dracaena fragrans 97

Dracaena reflexa 98

Dracaena trifasciata subsp. hahnii 315

Dracaena trifasciata subsp. trifasciata 316

Epipremnum pinnatum 317

Eranthemum purpurascens 104

Grevillea banksii 113

Hedychium coccineum 115

Hedychium coronarium 341

Heliconia rostrata 370

Heptapleurum arboricola 118

Hippobroma longiflora 378

Impatiens walleriana 382

Ipomoea cairica 552

Ipomoea purpurea 554

Lantana camara 134

Ligustrum sinense 'Variegata' 136

Limnocharis flava 386

Lonicera japonica 555

Musa acuminata 140

Musa ornata 142

Musa ornata 'Royal' 143

Nephrolepis biserrata 394

Nephrolepis cordifolia 395

Ophiopogon japonicus 399

Opuntia ficus-indica 524

Paspalum notatum 492

Philodendron hederaceum 412

Philodendron sagittifolium 418

Phyllostachys aurea 158

Pilea cadierei 423

Plumbago auriculata 165

Podocarpus macrophyllus 'Maki' 167

Sanchezia oblonga 181

Thunbergia grandiflora 563

Tradescantia zebrina 535

APRESENTAM CRESCIMENTO RÁPIDO

Abelia × grandiflora 58

Acalypha wilkesiana 60

Alpinia purpurata 264

Alpinia purpurata 'Rosea' 265

Argyranthemum frutescens 271

Asparagus densiflorus 'Myersii' 272

Asparagus densiflorus 'Sprengeri' 273

Asparagus setaceus 541

Asystasia gangetica 276

Bambusa tuldoides 65

Clerodendrum infortunatum 89

Colocasia esculenta 293

Colocasia esculenta var. illustris 294

Cortaderia selloana 298

Curculigo capitulata 303

Dieffenbachia seguine 310

Dieffenbachia seguine 'Maculatum' 311

Dieffenbachia seguine 'Picta' 312

Dracaena fragrans 97

Dracaena reflexa 98

Dracaena trifasciata subsp. hahnii 315

Dracaena trifasciata subsp. trifasciata 316

Epipremnum pinnatum 317

Eranthemum purpurascens 104

Grevillea banksii 113

Hedychium coccineum 115

Hedychium coronarium 341

Heliconia rostrata 370

Heptapleurum arboricola 118

Hippobroma longiflora 378

Impatiens walleriana 382

Ipomoea cairica 552

Ipomoea purpurea 554

Lantana camara 134

Ligustrum sinense 'Variegata' 136

Limnocharis flava 386

Lonicera japonica 555

Musa acuminata 140

Musa ornata 142

Musa ornata 'Royal' 143

Nephrolepis biserrata 394

Nephrolepis cordifolia 395

Ophiopogon japonicus 399

Opuntia ficus-indica 524

Paspalum notatum 492

Philodendron hederaceum 412

Philodendron sagittifolium 418

Phyllostachys aurea 158

Pilea cadierei 423

Pleioblastus simonii 161

Plumbago auriculata 166

Podocarpus macrophyllus 'Maki' 167

Sanchezia oblonga 181

Thunbergia grandiflora 563

Tradescantia zebrina 535

DESENVOLVEM-SE MELHOR EM REGIÕES FRIAS

Ageratum houstonianum 259

Argyranthemum frutescens 271

Brunfelsia uniflora 71

Calliandra brevipes 74

Chamaecyparis obtusa 'Cripssii' 87

Delairea odorata 548

Eugenia sprengelii 105

Exacum affine 323

Freesia × kewensis 324

Gardenia jasminoides 112

Philodendron undulatum 156

Glebionis segetum 328

Jasminum mesnyi 129

Justicia floribunda 132

Leucanthemum vulgare 384

Philodendron undulatum 156

Oxalis spiralis 491

Spiraea cantoniensis 183

Viburnum suspensum 186

Wisteria floribunda 565

DESENVOLVEM-SE MELHOR EM REGIÕES LITORÂNEAS

Alpinia purpurata 264

Alpinia purpurata 'Rosea' 265

Aphelandra squarrosa 270

Ardisia crenata 64

589

Canna paniculata 285

Chrysalidocarpus lutescens 468

Clusia fluminensis 90

Hippobroma longiflora 378

Hohenbergia correia-arauji 224

Ixora casei 125

Licuala grandis 469

Peperomia serpens 406

Philodendron imbe 413

Sphagneticola trilobata 443

Stenotaphrum secundatum 496

DESENVOLVEM-SE MELHOR EM REGIÕES ÚMIDAS

Asystasia gangetica 276

Axonopus compressus 485

Colocasia esculenta var. *illustris* 294

Costus spiralis 300

Philodendron imbe 413

Pilea microphylla 424

Selaginella umbrosa 437

Serenoa repens 477

APRESENTAM DIVERSIDADE DE COR

Acalypha wilkesiana 60

Anthurium andraeanum 62

Antirrhinum majus 269

Begonia × tuberhybrida 509

Begonia cucullata 277

Bougainvillea glabra 68

Bougainvillea spectabilis 69

Brunfelsia uniflora 71

Caladium bicolor 282

Canna × hybrida 284

Chrysanthemum × morifolium 291

Codiaeum variegatum 92

Cordyline fruticosa 93

Freesia × kewensis 324

Fuchsia × standishii 325

Gerbera jamesonii 326

Hibiscus rosa-sinensis 121

Lantana camara 134

Nerium oleander 149

Pelargonium × hybridum 153

Pelargonium peltatum 400

Pentas lanceolata 401

Pericallis cruenta 407

Petunia × atkinsiana 'Dreams' 409

Phlox paniculata 420

Portulaca grandiflora 527

Portulaca oleracea 528

Primula × polyantha 428

Primula malacoides 429

Primula obconica 430

Rhododendron simsii 172

Rosa gallica 174

Russelia equisetiformis 179

Salvia splendens 433

Schlumbergera truncata 530

Sinningia speciosa 439

Streptocarpus ionanthus 447

Tagetes erecta 'Patula' 450

Verbena × hybrida 457

Viola × wittrockiana 458

Zinnia peruviana 463

APRESENTAM FLOR OU INFLORESCÊNCIA DURÁVEL

Aechmea fasciata 195

Columnea microcalyx 296

Congea tomentosa 546

Kalanchoe blossfeldiana 522

Lobularia maritima 387

Malvaviscus arboreus 137

Mussaenda × philippica 'Doña luz' 144

Mussaenda erythrophylla 146

Seemannia sylvatica 436

Strelitzia juncea 444

Strelitzia reginae 445

Strelitzia reginae 'Citrina' 446

Torenia fournieri 451

INDICADAS PARA REVESTIR TALUDES

Arachis repens 484

Hedera canariensis 550

Sphagneticola trilobata 443

INDICADAS PARA TRABALHOS TOPIÁRIOS

Buxus sempervirens 73

Clusia fluminensis 'Pedra azul' 91

Duranta erecta 'Gold mound' 103

Eugenia sprengelii 105

Euonymus japonicus 106

Ligustrum sinense 'Variegata' 136

Podocarpus macrophyllus 'Maki' 167

PLANTAS EXÓTICAS INVASORAS

Asparagus densiflorus 'Myersii' 272

Asparagus densiflorus 'Sprengeri' 273

Asparagus setaceus 541

Asystasia gangetica 276

Colocasia esculenta 293

Colocasia esculenta var. *illustris* 294

Cortaderia selloana 298

Curculigo capitulata 303

Dieffenbachia seguine 310

Dieffenbachia seguine 'Maculatum' 311

Dieffenbachia seguine 'Picta' 312

Dracaena fragrans 97

Dracaena trifasciata subsp. *hahnii* 315

Dracaena trifasciata subsp. *trifasciata* 316

Epipremnum pinnatum 317

Grevillea banksii 113

Hedychium coccineum 115

Hedychium coronarium 341

Heptapleurum arboricola 118

Hippobroma longiflora 378

Impatiens walleriana 382

Livistona chinensis 472

Lonicera japonica 555

Musa ornata 142

Musa ornata 'Royal' 143

Nephrolepis cordifolia 395

Ophiopogon japonicus 399

Opuntia ficus-indica 524

Phyllostachys aurea 158

Pilea cadierei 423

Thunbergia grandiflora 563

Tradescantia zebrina 535

PLANTAS RÚSTICAS

Barleria cristata 66

Coreopsis lanceolata 297

Ctenanthe setosa 301

Dracaena trifasciata subsp. *trifasciata* 316

Duranta erecta 102

Equisetum giganteum 318

Eranthemum purpurascens 104

Euphorbia milii 518

Euphorbia resinifera 519

Goniophlebium persicifolium 338

Heliconia angusta 343

Heliconia angusta 'Orange christmas' 344

Heliconia angusta 'Yellow christmas' 345

Heliconia bihai 'Lobster claw' 346

Heliconia bihai 'Yellow dancer' 347

Heliconia caribaea 'Cream' 348

Heliconia collinsiana 349

Heliconia farinosa 350

Heliconia foreroi 'Hot Rio Night' 351

Heliconia latispatha 355

Heliconia orthotricha 'Candle cane' 356

Heliconia orthotricha 'Eden pink' 357

Heliconia orthotricha 'Edge of nite' 358

Heliconia orthotricha 'Imperial' 359

Heliconia orthotricha 'Lehua' 360

Heliconia orthotricha 'Limon' 361

Heliconia orthotricha 'Macas pink' 362

Heliconia orthotricha 'Oreole Orange' 363

Heliconia psittacorum 364

Heliconia psittacorum 'Fuchsia' 365

Heliconia psittacorum 'Golden opal' 366

Heliconia psittacorum 'Kathy' 367

Heliconia psittacorum 'Strawberries and cream' 368

Heliconia psittacorum 'Suriname sassy' 369

Heliconia rostrata 370

Heliconia spathocircinata 371

Heliconia stricta 372

Heliconia stricta 'Fire bird' 373

Hippeastrum puniceum 377

Ipomoea cairica 552

Ipomoea purpurea 554

Mussaenda × philippica 'Queen sirikit' 145

Nephrolepis exaltata 'Florida ruffle' 397

Opuntia cochenillifera 523

Opuntia ficus-indica 524

Opuntia leucotricha 525

Pachypodium lamerei 526

Paspalum notatum 492

Pelargonium peltatum 400

Pentas lanceolata 401

Philodendron imbe 413

Pleioblastus simonii 161

Pleroma heteromallum 164

Ruellia chartacea 178

Scaevola aemula 434

Tagetes erecta 449

Tagetes erecta 'Patula' 450

Thunbergia fragrans 562

Thunbergia grandiflora 563

Thunbergia mysorensis 564

Tradescantia spathacea 452

Turnera subulata 454

PLANTAS TÓXICAS

Allamanda blanchetii 61

Allamanda cathartica 538

Anthurium andraeanum 62

Anthurium plowmanii 63

Anthurium scherzerianum 268

Buxus sempervirens 73

Colocasia esculenta 293

Colocasia esculenta var. illustris 294

Colocasia fontanesii 295

Cotoneaster buxifolius 94

Curio rowleyanus 513

Cyclamen persicum 304

Delairea odorata 548

Dieffenbachia seguine 310

Dieffenbachia seguine 'Maculatum' 311

Dieffenbachia seguine 'Picta' 312

Euphorbia ingens 516

Euphorbia milii 518

Euphorbia resinifera 519

Ficus elastica 109

Ficus lyrata 111

Ficus pumila 549

Hedera canariensis 550

Hedera helix 551

Helianthus annuus 116

Hippeastrum elegans 376

Hippeastrum puniceum 377

Hippobroma longiflora 378

Hydrangea macrophylla 123

Ipomoea cairica 552

Ipomoea horsfalliae 553

Ipomoea purpurea 554

Monstera adansonii 391

Monstera deliciosa 138

Nerium oleander 149

Opuntia ficus-indica 524

Opuntia leucotricha 525

Pelargonium × hybridum 153

Pelargonium peltatum 400

Pericallis cruenta 407

Philodendron bipinnatifidum 154

Philodendron gloriosum 411

Philodendron hederaceum 412

Philodendron imbe 413

Philodendron martianum 414

Philodendron mayoi 415

Philodendron melanochrysum 416

Philodendron panduriforme 417

Philodendron sagittifolium 418

Philodendron speciosum 155

Philodendron xanadu 157

Rhododendron simsii 172

Senecio flaccidus var. douglasii 438

Spathiphyllum cannifolium 440

Spathiphyllum ortgiesii 'Sensation' 441

Spathiphyllum wallisii 442

TOLERAM TERRENOS ALAGADIÇOS OU BREJOSOS

Alocasia macrorrhizos 263

Cyperus haspan 306

Cyperus papirus 307

Gunnera manicata 339

Licuala spinosa 470

Pleroma gaudichaudianum 163

Sabal minor 476

USO PAISAGÍSTICO

BARREIRA FÍSICA

Abelia × grandiflora 58

Agave americana 503

Agave angustifolia 504

Aloe arborescens 506

Ananas comosus 'Bracteatus' 205

Ananas comosus 'Comosus' 206

Bambusa tuldoides 65

Bougainvillea glabra 68

Calliandra haematocephala var. haematocephala 75

Callistemon viminalis 80

Chamaecyparis lawsoniana 'Albo picta' 85

Chamaecyparis lawsoniana 'Lanei' 86

Chamaecyparis obtusa 'Cripssii' 87

Clusia fluminensis 'Pedra azul' 91

Codiaeum variegatum 92

Cycas revoluta 96

Deuterocohnia meziana 215

Euphorbia ingens 516

Euphorbia lactea 'Cristata' 517

Euphorbia milii 518

Euphorbia resinifera 519

Hesperocyparis lusitanica 119

Hesperocyparis macrocarpa 120

Iresine diffusa f. herbstii 124

Ixora coccinea 127

Ixora undulata 128

Ligustrum sinense 'Variegata' 136

Malvaviscus arboreus 137

Murraya paniculata 139

Mussaenda frondosa 147

Opuntia cochenillifera 523

Opuntia leucotricha 525

Ravenala madagascariensis 171

Rhododendron simsii 172

Rosenbergiodendron formosum 175

BORDADURAS

Acalypha chamaedrifolia 482

Aeonium decorum 502

Agapanthus africanus 258

Agave angustifolia 504

Ageratum houstonianum 259

Aloe arborescens 506

Alpinia purpurata 264

Alpinia purpurata 'Rosea' 265

Alternanthera sessilis 'Rubra' 267

Antirrhinum majus 269

Aphelandra squarrosa 270

Ardisia crenata 64

Asparagus densiflorus 'Sprengeri' 273

Aster ageratoides 275

Asystasia gangetica 276

Barleria cristata 66

Begonia × tuberhybrida 509

Begonia cucullata 277

Brachyscome multifida 278

Brachyscome multifida 'Lemon mist' 279

Brassica oleracea 'Acephala' 280

Browallia americana 281

Buchozia japonica 72

Bulbine frutescens 510

Buxus sempervirens 73

Caladium bicolor 282

Calceolaria × herbeohybrida 283

Calliandra brevipes 74

Capsicum annuum 'Conoides' 286

Catharanthus roseus 83

Catharanthus roseus var. albus 84

Celosia argentea 287

Centaurea gymnocarpa 288

Chlorophytum comosum 290

Chrysanthemum × *morifolium* 291

Coleus scutellarioides 292

Cosmos bipinnatus 299

Cryptanthus bivittatus 211

Cryptanthus warren-loosei 212

Cryptanthus zonatus 213

Cryptanthus zonatus 'Fosterianus' 214

Ctenanthe setosa 301

Cuphea gracilis 302

Curculigo capitulata 303

Cyclamen persicum 304

Dianthus chinensis 309

Dieffenbachia seguine 'Maculatum' 311

Dieffenbachia seguine 'Picta' 312

Dietes bicolor 313

Dietes iridioides 314

Duranta erecta 'Gold mound' 103

Echeveria gibbiflora 515

Euphorbia milii 518

Eustoma russellianum 321

Evolvulus glomeratus 322

Exacum affine 323

Freesia × *kewensis* 324

Gerbera jamesonii 326

Glebionis segetum 328

Goeppertia insignis 331

Goeppertia makoyana 332

Goeppertia picturata 333

Goeppertia roseopicta 334

Goeppertia veitchiana 335

Goeppertia zebrina 336

Gomphrena globosa 337

Guzmania sanguinea 222

Gypsophila paniculata 340

Helichrysum petiolare 342

Hemerocallis fulva 374

Heterocentron elegans 375

Hippeastrum elegans 376

Hippeastrum puniceum 377

Hydrangea macrophylla 123

Hypoestes phyllostachya 380

Impatiens hawkeri 381

Impatiens walleriana 382

Ixora chinensis 126

Ixora coccinea 127

Justicia brandegeeana 383

Kalanchoe blossfeldiana 522

Lantana camara 134

Leucanthemum vulgare 384

Lobularia maritima 387

Mauranthemum paludosum 390

Monstera deliciosa 138

Nematanthus wettsteinii 393

Neoregelia sp. 'Fireball' 236

Ophiopogon jaburan 398

Ophiopogon japonicus 399

Oxalis spiralis 491

Pachystachys lutea 151

Pelargonium × *hybridum* 153

Pentas lanceolata 401

Peperomia argyraea 402

Peperomia caperata 403

Peperomia caperata 'Rosso' 404

Peperomia obtusifolia 405

Pericallis cruenta 407

Petunia integrifolia 410

Phlox paniculata 420

Pilea cadierei 423

Pilea microphylla 424

Portulaca grandiflora 527

Portulaca oleracea 528

Primula × *polyantha* 428

Primula malacoides 429

Primula obconica 430

Rhododendron simsii 172

Rosa chinensis 173

Rudbeckia hirta 432

Salvia leucantha 180

Salvia splendens 433

Sedum praealtum 532

Seemannia sylvatica 436

Senecio flaccidus var. *douglasii* 438

Spathiphyllum wallisii 442

Streptocarpus ionanthus 447

Tagetes erecta 449

Tagetes erecta 'Patula' 450

Thunbergia erecta 185

Torenia fournieri 451

Tradescantia spathacea 452

Turnera subulata 454

Verbena × hybrida 457

Viola × wittrockiana 458

Vriesea bituminosa 242

Vriesea carinata 243

Zephyranthes candida 461

Zingiber spectabile 462

Zinnia peruviana 463

CARAMANCHÕES

Abelia × grandiflora 58

Allamanda blanchetii 61

Allamanda cathartica 538

Antigonon leptopus 539

Aristolochia gigantea 540

Beaumontia grandiflora 542

Bougainvillea glabra 68

Bougainvillea spectabilis 69

Clerodendrum × speciosum 88

Clerodendrum splendens 543

Clerodendrum thomsoniae 544

Combretum fruticosum 545

Congea tomentosa 546

Cuspidaria convoluta 547

Delairea odorata 548

Duranta erecta 102

Holmskioldia sanguinea 122

Ipomoea purpurea 554

Lonicera japonica 555

Mussaenda erythrophylla 146

Petrea volubilis 557

Plumbago auriculata 166

Podranea ricasoliana 558

Pyrostegia venusta 559

Spiraea cantoniensis 183

Strongylodon macrobotrys 560

Tetrastigma voinierianum 561

Thunbergia fragrans 562

Thunbergia grandiflora 563

Thunbergia mysorensis 564

Wisteria floribunda 565

CERCAS E MUROS

Abelia × grandiflora 58

Acalypha wilkesiana 60

Agapanthus africanus 258

Alcea rosea 261

Allamanda blanchetii 61

Allamanda cathartica 538

Alocasia × mortfontanensis 262

Alpinia purpurata 264

Alpinia purpurata 'Rosea' 265

Alpinia zerumbet 266

Antigonon leptopus 539

Ardisia crenata 64

Aristolochia gigantea 540

Bougainvillea glabra 68

Bougainvillea spectabilis 69

Breynia disticha 70

Brunfelsia uniflora 71

Buchozia japonica 72

Buxus sempervirens 73

Calliandra brevipes 74

Callianthe megapotamica 78

Canna paniculata 285

Clerodendrum × speciosum 88

Clerodendrum splendens 543

Clerodendrum thomsoniae 544

Combretum fruticosum 545

Congea tomentosa 546

Cordyline fruticosa 93

Cotoneaster buxifolius 94

Crossandra nilotica 95

Cuspidaria convoluta 547

Delairea odorata 548

Dichorisandra thyrsiflora 514

Dietes iridioides 314

Drepanostachyum falcatum 101

Eranthemum purpurascens 104

Euphorbia milii 518

Ficus pumila 549

Hedera canariensis 550

Hedera helix 551

Helianthus annuus 116

Holmskioldia sanguinea 122

Hypoestes phyllostachya 380

Ipomoea cairica 552

Ipomoea horsfalliae 553

Ipomoea purpurea 554

Iresine diffusa f. herbstii 124

Ixora coccinea 127

Jasminum mesnyi 129

Jasminum multiflorum 130

595

Justicia brandegeeana 383

Justicia floribunda 132

Kopsia fruticosa 133

Lantana camara 134

Leea rubra 135

Ligustrum sinense 'Variegata' 136

Malvaviscus arboreus 137

Monstera adansonii 391

Monstera deliciosa 138

Murraya paniculata 139

Musa acuminata 140

Mussaenda erythrophylla 146

Mussaenda frondosa 147

Odontonema tubaeforme 150

Opuntia leucotricha 525

Parthenocissus tricuspidata 556

Petrea volubilis 557

Philodendron hederaceum 412

Philodendron imbe 413

Philodendron panduriforme 417

Philodendron sagittifolium 418

Phyllostachys edulis 159

Pleioblastus simonii 161

Plerandra elegantissima 162

Pleroma mutabile 'Nana' 165

Plumbago auriculata 166

Podocarpus macrophyllus 'Maki' 167

Podranea ricasoliana 558

Pyrostegia venusta 559

Rhaphidophora decursiva 431

Rhododendron simsii 172

Rotheca myricoides 176

Rothmannia longiflora 177

Sanchezia oblonga 181

Senna polyphylla 182

Strelitzia alba 184

Strelitzia juncea 444

Strongylodon macrobotrys 560

Syngonium podophyllum 448

Tetrastigma voinierianum 561

Thunbergia erecta 185

Thunbergia fragrans 562

Viburnum suspensum 186

Wisteria floribunda 565

CERCAS-VIVAS

Abelia × grandiflora 58

Acalypha hispida 59

Acalypha wilkesiana 60

Agave americana 503

Allamanda blanchetii 61

Allamanda cathartica 538

Alpinia zerumbet 266

Argyranthemum frutescens 271

Bambusa tuldoides 65

Beaumontia grandiflora 542

Bougainvillea glabra 68

Breynia disticha 70

Brunfelsia uniflora 71

Buxus sempervirens 73

Calliandra brevipes 74

Calliandra haematocephala var. haematocephala 75

Calliandra tweediei 76

Callianthe darwinii 77

Callianthe megapotamica 78

Callianthe striata 79

Callistemon viminalis 80

Canna paniculata 285

Chamaecyparis lawsoniana 'Lanei' 86

Chrysalidocarpus lutescens 468

Chrysanthemum × morifolium 291

Clerodendrum infortunatum 89

Clusia fluminensis 90

Clusia fluminensis 'Pedra azul' 91

Combretum fruticosum 545

Costus spiralis 300

Cotoneaster buxifolius 94

Cyperus alternifolius 305

Cyperus haspan 306

Dietes iridioides 314

Dracaena reflexa 98

Drepanostachyum falcatum 101

Duranta erecta 102

Duranta erecta 'Gold mound' 103

Eranthemum purpurascens 104

Etlingera elatior 319

Etlingera elatior 'Alba' 320

Eugenia sprengelii 105

Euphorbia ingens 516

Euphorbia milii 518

Euphorbia pulcherrima 107

Euphorbia resinifera 519

Eustoma russellianum 321

Ficus leprieurii 110

Gardenia jasminoides 112

Hebe speciosa 114

Heliconia angusta 343

Heliconia angusta 'Orange christmas' 344

Heliconia angusta 'Yellow christmas' 345

Heliconia bihai 'Lobster claw' 346

Heliconia bihai 'Yellow dancer' 347

Heliconia caribaea 'Cream' 348

Heliconia collinsiana 349

Heliconia farinosa 350

Heliconia foreroi 'Hot Rio Night' 351

Heliconia hirsuta 352

Heliconia hirsuta 'Burle-marxii' 353

Heliconia hirsuta 'Yellow panama' 354

Heliconia latispatha 355

Heliconia orthotricha 'Candle cane' 356

Heliconia orthotricha 'Eden pink' 357

Heliconia orthotricha 'Edge of nite' 358

Heliconia orthotricha 'Imperial' 359

Heliconia orthotricha 'Lehua' 360

Heliconia orthotricha 'Limon' 361

Heliconia orthotricha 'Macas pink' 362

Heliconia orthotricha 'Oreole Orange' 363

Heliconia psittacorum 364

Heliconia psittacorum 'Fuchsia' 365

Heliconia psittacorum 'Golden opal' 366

Heliconia psittacorum 'Kathy' 367

Heliconia psittacorum 'Strawberries and cream' 368

Heliconia psittacorum 'Suriname sassy' 369

Heliconia rostrata 370

Heliconia spathocircinata 371

Heliconia stricta 372

Heliconia stricta 'Fire bird' 373

Hesperocyparis lusitanica 119

Hibiscus rosa-sinensis 121

Hydrangea macrophylla 123

Iresine diffusa f. *herbstii* 124

Ixora chinensis 126

Ixora coccinea 127

Ixora undulata 128

Jasminum mesnyi 129

Jasminum multiflorum 130

Juniperus chinensis 'Kaizuka' 131

Kopsia fruticosa 133

Lantana camara 134

Leea rubra 135

Licuala spinosa 470

Ligustrum sinense 'Variegata' 136

Malvaviscus arboreus 137

Murraya paniculata 139

Musa coccinea 141

Mussaenda × *philippica* 'Queen sirikit' 145

Mussaenda frondosa 147

Nerium oleander 149

Odontonema tubaeforme 150

Opuntia cochenillifera 523

Opuntia leucotricha 525

Pachystachys lutea 151

Pachystachys spicata 152

Philodendron bipinnatifidum 154

Platycladus orientalis 'Rosedalis' 160

Pleioblastus simonii 161

Plerandra elegantissima 162

Plumbago auriculata 166

Podocarpus macrophyllus 'Maki' 167

Polyscias filicifolia 168

Polyscias guilfoylei 170

Rhododendron simsii 172

Rosenbergiodendron formosum 175

Russelia equisetiformis 179

Sabal minor 476

Spiraea cantoniensis 181

Strelitzia alba 184

Thunbergia erecta 185

Viburnum suspensum 186

Yucca gigantea 187

EM CONJUNTO

Acalypha chamaedrifolia 482

Acalypha hispida 59
Acalypha wilkesiana 60
Adiantum raddianum 256
Aechmea blanchetiana 190
Aechmea bromeliifolia 191
Aechmea chantinii 192
Aechmea chantinii 'Black' 193
Aechmea correia-araujoi 194
Aechmea fasciata 195
Aechmea fulgens × ramosa 'Festival' 196
Aechmea gamosepala 'Variegata' 197
Aechmea orlandiana 198
Aechmea orlandiana 'Belloi' 199
Aechmea pineliana 200
Aechmea rubens 201
Aechmea smithorum 202
Aechmea vallerandii 203
Aeonium decorum 502
Agapanthus africanus 258
Agave americana 503
Agave attenuata 505
Ageratum houstonianum 259
Aglaonema commutatum 'Pseudobracteatum' 260
Ajuga reptans 483
Alcantarea imperialis 204
Alcea rosea 261
Alocasia × mortfontanensis 262
Aloe arborescens 506
Aloe vera 507
Alpinia purpurata 264

Alpinia purpurata 'Rosea' 265
Alpinia zerumbet 266
Alternanthera sessilis 'Rubra' 267
Ananas comosus 'Bracteatus' 205
Anthurium andraeanum 62
Anthurium plowmanii 63
Anthurium scherzerianum 268
Arachis repens 484
Argyranthemum frutescens 271
Astrophytum ornatum 508
Barleria cristata 66
Beaucarnea recurvata 67
Billbergia hybridus 'Hallelujah' 207
Billbergia pyramidalis 208
Bismarckia nobilis 466
Brassica oleracea 'Acephala' 280
Browallia americana 281
Bulbine frutescens 510
Caladium bicolor 282
Calliandra brevipes 74
Calliandra tweediei 76
Callianthe darwinii 77
Canistropsis billbergioides 209
Canistropsis seidelii 210
Canna × hybrida 284
Canna paniculata 285
Carludovica palmata 82
Caryota mitis 467
Celosia argentea 287
Centaurea gymnocarpa 288

Chamaecyparis lawsoniana 'Albo picta' 85
Chamaecyparis obtusa 'Cripssii' 87
Chlorophytum comosum 290
Clusia fluminensis 'Pedra azul' 91
Codiaeum variegatum 92
Coleus scutellarioides 292
Colocasia fontanesii 295
Cordyline fruticosa 93
Costus spiralis 300
Crossandra nilotica 95
Cryptanthus bivittatus 211
Cryptanthus warren-loosei 212
Cryptanthus zonatus 213
Cryptanthus zonatus 'Fosterianus' 214
Ctenanthe setosa 301
Cuphea gracilis 302
Cycas revoluta 96
Cyperus alternifolius 305
Cyperus haspan 306
Deuterocohnia meziana 215
Dianthus chinensis 309
Dichorisandra thyrsiflora 514
Dietes bicolor 313
Dietes iridioides 314
Dracaena reflexa var. angustifolia 99
Dracaena surculosa var. surculosa 100
Drepanostachyum falcatum 101
Duranta erecta 102
Duranta erecta 'Gold mound' 103

Echeveria gibbiflora 515

Etlingera elatior 319

Etlingera elatior 'Alba' 320

Euphorbia ingens 516

Euphorbia pulcherrima 107

Eustoma russellianum 321

Fvolvulus glomeratus 322

Exacum affine 323

Ferocactus latispinus 520

Freesia × kewensis 324

Gardenia jasminoides 112

Glebionis segetum 328

Goeppertia insignis 331

Goeppertia roseopicta 334

Goeppertia veitchiana 335

Goeppertia zebrina 336

Guzmania conifera 216

Guzmania dissitiflora 217

Guzmania lingulata 218

Guzmania lingulata var. 'Minor' 221

Guzmania lingulata × conifera 'Torch' 219

Guzmania lingulata var. *lingulata* 220

Guzmania sanguinea 222

Guzmania schezeriana 223

Gypsophila paniculata 340

Haworthiopsis attenuata 521

Hebe speciosa 114

Helichrysum petiolare 342

Heliconia angusta 343

Heliconia angusta 'Orange christmas' 344

Heliconia angusta 'Yellow christmas' 345

Heliconia bihai 'Lobster claw' 346

Heliconia bihai 'Yellow dancer' 347

Heliconia caribaea 'Cream' 348

Heliconia collinsiana 349

Heliconia farinosa 350

Heliconia foreroi 'Hot Rio Night' 351

Heliconia hirsuta 352

Heliconia hirsuta 'Burle-marxii' 353

Heliconia hirsuta 'Yellow panama' 354

Heliconia latispatha 355

Heliconia orthotricha 'Candle cane' 356

Heliconia orthotricha 'Eden pink' 357

Heliconia orthotricha 'Edge of nite' 358

Heliconia orthotricha 'Imperial' 359

Heliconia orthotricha 'Lehua' 360

Heliconia orthotricha 'Limon' 361

Heliconia orthotricha 'Macas pink' 362

Heliconia orthotricha 'Oreole Orange' 363

Heliconia psittacorum 364

Heliconia psittacorum 'Fuchsia' 365

Heliconia psittacorum 'Golden opal' 366

Heliconia psittacorum 'Kathy' 367

Heliconia psittacorum 'Strawberries and cream' 368

Heliconia psittacorum 'Suriname sassy' 369

Heliconia rostrata 370

Heliconia spathocircinata 371

Heliconia stricta 372

Heliconia stricta 'Fire bird' 373

Hemerocallis fulva 374

Heptapleurum actinophyllum 117

Hesperocyparis macrocarpa 120

Hibiscus rosa-sinensis 121

Hippeastrum elegans 376

Hippeastrum puniceum 377

Hohenbergia correia-arauji 224

Hydrangea macrophylla 123

Hymenocallis caribaea 379

Hypoestes phyllostachya 380

Ixora casei 125

Ixora chinensis 126

Ixora coccinea 127

Ixora undulata 128

Justicia brandegeeana 383

Kalanchoe blossfeldiana 522

Leea rubra 135

Leucanthemum vulgare 384

Licuala grandis 469

Licuala spinosa 470

Livistona australis 471

Lysimachia congestiflora 490

Mauranthemum paludosum 390

Monstera adansonii 391

Monstera deliciosa 138

Musa coccinea 141

Mussaenda × philippica 'Doña luz' 144

Mussaenda × philippica 'Queen sirikit' 145

Nandina domestica 148

Neoregelia camorimiana 225

Neoregelia carolinae 226

Neoregelia carolinae 'Tricolor' 227

Neoregelia chlorosticta 228

Neoregelia compacta 229

Neoregelia compacta 'Bossa nova' 230

Neoregelia compacta 'Variegata' 231

Neoregelia fosteriana 232

Neoregelia johannis 233

Neoregelia macwilliamsii 'Sheba' 234

Neoregelia marmorata 235

Neoregelia sp. 'Fireball' 236

Neoregelia sp. 'Raphael' 237

Nidularium innocentii 238

Nidularium rutilans 'Variegata' 239

Odontonema tubaeforme 150

Opuntia leucotricha 525

Pachypodium lamerei 526

Pachystachys lutea 151

Pachystachys spicata 152

Philodendron bipinnatifidum 154

Philodendron gloriosum 411

Philodendron hederaceum 412

Philodendron imbe 413

Philodendron mayoi 415

Philodendron panduriforme 417

Philodendron undulatum 156

Philodendron xanadu 157

Phyllostachys edulis 159

Phymatosorus scolopendria 422

Pinanga coronata 474

Platycerium bifurcatum 426

Platycladus orientalis 'Rosedalis' 160

Plerandra elegantissima 162

Pleroma gaudichaudianum 163

Pleroma heteromallum 164

Pleroma mutabile 'Nana' 165

Plumbago auriculata 166

Rhaphidophora decursiva 431

Rosenbergiodendron formosum 175

Rothmannia longiflora 177

Ruellia chartacea 178

Sabal minor 476

Salvia leucantha 180

Salvia splendens 433

Sanchezia oblonga 181

Scindapsus pictus 435

Sedum praealtum 532

Selenicereus anthonyanus 533

Senna polyphylla 182

Spathiphyllum ortgiesii 'Sensation' 441

Strelitzia juncea 444

Strelitzia reginae 445

Strelitzia reginae 'Citrina' 446

Syagrus weddelliana 478

Syngonium podophyllum 448

Tillandsia guatemalensis 240

Tillandsia usneoides 241

Typhonodorum lindleyanum 455

Urceolina × grandif 456

Vriesea bituminosa 242

Vriesea carinata 243

Vriesea carinata × barilletii 'Mariae' 244

Vriesea ensiformis 245

Vriesea fenestralis 246

Vriesea fosteriana 247

Vriesea fosteriana var. *seideliana* 248

Vriesea gigantea 249

Vriesea hieroglyphica 250

Vriesea saundersii 251

Vriesea splendens × glutinosa 'Splendide' 252

Wittrockia superba 253

Yucca gigantea 187

Zephyranthes candida 461

Zingiber spectabile 462

Zinnia peruviana 463

ESCADAS

Acalypha chamaedrifolia 482

Ajuga reptans 483

Alternanthera sessilis 'Rubra' 267

Arachis repens 484

Brachyscome multifida 278

Brachyscome multifida 'Lemon mist' 279

Buchozia japonica 72

Cuphea gracilis 302

Evolvulus glomeratus 322

Evolvulus pusillus 488

Fittonia albivenis 489

Gomphrena globosa 337

Lobularia maritima 387

Lysimachia congestiflora 490

Ophiopogon japonicus 399

Pilea nummulariifolia 493

Portulaca grandiflora 527

Portulaca oleracea 528

Sedum morganianum 531

Selaginella kraussiana 495

Strobilanthes alternata 497

ESPELHOS D'ÁGUA E LAGOS

Colocasia esculenta 293

Colocasia esculenta var. illustris 294

Colocasia fontanesii 295

Cyperus alternifolius 305

Cyperus haspan 306

Cyperus papirus 307

Equisetum giganteum 318

Gunnera manicata 339

Hedychium coccineum 115

Hedychium coronarium 341

Limnocharis flava 386

Phormium tenax 421

Pistia stratiotes 425

Spathiphyllum cannifolium 440

Typhonodorum lindleyanum 455

Zantedeschia aethiopica 460

FORRAÇÕES E GRAMADOS

Acalypha chamaedrifolia 482

Ajuga reptans 483

Alternanthera sessilis 'Rubra' 267

Arachis repens 484

Aster ageratoides 275

Axonopus compressus 485

Callisia repens 486

Chaenostoma cordatum 289

Columnea microcalyx 296

Cyclamen persicum 304

Episcia cupreata 487

Evolvulus glomeratus 322

Evolvulus pusillus 488

Ficus pumila 549

Fittonia albivenis 489

Gibasis pellucida 327

Glechoma hederacea 'Variegata' 329

Goeppertia picturata 333

Gomphrena globosa 337

Hedera canariensis 550

Hedera helix 551

Helichrysum petiolare 342

Heterocentron elegans 375

Lobularia maritima 387

Lysimachia congestiflora 490

Maranta cristata 388

Maranta leuconeura 389

Ophiopogon japonicus 399

Oxalis spiralis 491

Paspalum notatum 492

Peperomia serpens 406

Petunia integrifolia 410

Petunia × atkinsiana 408

Petunia × atkinsiana 'Dreams' 409

Philodendron hederaceum 412

Pilea nummulariifolia 493

Plectranthus glabratus 427

Plectranthus verticillatus 494

Portulaca oleracea 528

Selaginella kraussiana 495

Senecio flaccidus var. douglasii 438

Sphagneticola trilobata 443

Stenotaphrum secundatum 496

Strobilanthes alternata 497

Syngonium podophyllum 448
Tradescantia pallida 534
Tradescantia zebrina 535
Tropaeolum majus 453
Verbena × hybrida 457
Zoysia japonica 498
Zoysia matrella 499

ISOLADO

Abelia × grandiflora 58
Acalypha hispida 59
Acalypha wilkesiana 60
Aechmea blanchetiana 190
Aechmea bromeliifolia 191
Aechmea chantinii 192
Aechmea chantinii 'Black' 193
Aechmea fasciata 195
Aechmea orlandiana 198
Agave americana 503
Agave angustifolia 504
Agave attenuata 505
Alcantarea imperialis 204
Alcea rosea 261
Allamanda blanchetii 61
Alocasia × mortfontanensis 262
Alocasia macrorrhizos 263
Aloe arborescens 506
Aloe vera 507
Alpinia purpurata 264
Alpinia purpurata 'Rosea' 265
Alpinia zerumbet 266
Ananas comosus 'Bracteatus' 205

Ananas comosus 'Comosus' 206
Anthurium plowmanii 63
Asparagus densiflorus 'Myersii' 272
Asparagus densiflorus 'Sprengeri' 273
Asparagus setaceus 541
Bambusa tuldoides 65
Beaucarnea recurvata 67
Beaumontia grandiflora 542
Bismarckia nobilis 466
Bougainvillea glabra 68
Breynia disticha 70
Brunfelsia uniflora 71
Calliandra brevipes 74
Calliandra haematocephala var. haematocephala 75
Calliandra tweediei 76
Callianthe striata 79
Callistemon viminalis 80
Camellia japonica 81
Canna × hybrida 284
Canna paniculata 285
Carludovica palmata 82
Caryota mitis 467
Celosia argentea 287
Chamaecyparis lawsoniana 'Albo picta' 85
Chamaecyparis lawsoniana 'Lanei' 86
Chamaecyparis obtusa 'Cripssii' 87
Chrysalidocarpus lutescens 468
Clerodendrum infortunatum 89
Clusia fluminensis 90
Clusia fluminensis 'Pedra azul' 91

Colocasia esculenta 293
Colocasia esculenta var. illustris 294
Colocasia fontanesii 295
Combretum fruticosum 545
Cordyline fruticosa 93
Cortaderia selloana 298
Costus spiralis 300
Crassula ovata 512
Curculigo capitulata 303
Cycas revoluta 96
Deuterocohnia meziana 215
Dichorisandra thyrsiflora 514
Dieffenbachia seguine 310
Dieffenbachia seguine 'Maculatum' 311
Dieffenbachia seguine 'Picta' 312
Dietes bicolor 313
Dracaena fragrans 97
Dracaena reflexa 98
Dracaena reflexa var. angustifolia 99
Equisetum giganteum 318
Eranthemum purpurascens 104
Etlingera elatior 319
Etlingera elatior 'Alba' 320
Eugenia sprengelii 105
Euonymus japonicus 106
Euphorbia ingens 516
Euphorbia lactea 'Cristata' 517
Euphorbia pulcherrima 107
Euphorbia resinifera 519

Eustoma russellianum 321

Ferocactus latispinus 520

Ficus benjamina 'Variegata' 108

Ficus elastica 109

Ficus leprieurii 110

Ficus lyrata 111

Gardenia jasminoides 112

Grevillea banksii 113

Gunnera manicata 339

Hebe speciosa 114

Hedychium coccineum 115

Hedychium coronarium 341

Helianthus annuus 116

Heliconia angusta 343

Heliconia angusta 'Orange christmas' 344

Heliconia angusta 'Yellow christmas' 345

Heliconia bihai 'Lobster claw' 346

Heliconia bihai 'Yellow dancer' 347

Heliconia caribaea 'Cream' 348

Heliconia collinsiana 349

Heliconia farinosa 350

Heliconia foreroi 'Hot Rio Night' 351

Heliconia hirsuta 352

Heliconia hirsuta 'Burle-marxii' 353

Heliconia hirsuta 'Yellow panama' 354

Heliconia latispatha 355

Heliconia orthotricha 'Candle cane' 356

Heliconia orthotricha 'Eden pink' 357

Heliconia orthotricha 'Edge of nite' 358

Heliconia orthotricha 'Imperial' 359

Heliconia orthotricha 'Lehua' 360

Heliconia orthotricha 'Limon' 361

Heliconia orthotricha 'Macas pink' 362

Heliconia orthotricha 'Oreole Orange' 363

Heliconia psittacorum 364

Heliconia psittacorum 'Fuchsia' 365

Heliconia psittacorum 'Golden opal' 366

Heliconia psittacorum 'Kathy' 367

Heliconia psittacorum 'Strawberries and cream' 368

Heliconia psittacorum 'Suriname sassy' 369

Heliconia rostrata 370

Heliconia spathocircinata 371

Heliconia stricta 372

Heliconia stricta 'Fire bird' 373

Hemerocallis fulva 374

Heptapleurum actinophyllum 117

Heptapleurum arboricola 118

Hesperocyparis lusitanica 119

Hesperocyparis macrocarpa 120

Hibiscus rosa-sinensis 121

Hippobroma longiflora 378

Holmskioldia sanguinea 122

Hydrangea macrophylla 123

Impatiens hawkeri 381

Impatiens walleriana 382

Ixora casei 125

Ixora chinensis 126

Ixora coccinea 127

Ixora undulata 128

Juniperus chinensis 'Kaizuka' 131

Justicia floribunda 132

Kalanchoe blossfeldiana 522

Kopsia fruticosa 133

Lantana camara 134

Leea rubra 135

Licuala grandis 469

Licuala spinosa 470

Lilium wallichianum 385

Livistona australis 471

Livistona chinensis 472

Lonicera japonica 555

Malvaviscus arboreus 137

Monstera adansonii 391

Musa acuminata 140

Musa coccinea 141

Musa ornata 142

Musa ornata 'Royal' 143

Mussaenda × philippica 'Doña luz' 144

Mussaenda × philippica 'Queen sirikit' 145

Mussaenda erythrophylla 146

Mussaenda frondosa 147

Nandina domestica 148

Nerium oleander 149

Opuntia cochenillifera 523

Opuntia ficus-indica 524

Opuntia leucotricha 525
Pachypodium lamerei 526
Pachystachys spicata 152
Philodendron bipinnatifidum 154
Philodendron speciosum 155
Philodendron undulatum 156
Philodendron xanadu 157
Phlox paniculata 420
Phoenix roebelenii 473
Phormium tenax 421
Phyllostachys aurea 158
Phyllostachys edulis 159
Pinanga coronata 474
Platycladus orientalis 'Rosedalis' 160
Plerandra elegantissima 162
Pleroma gaudichaudianum 163
Pleroma heteromallum 164
Pleroma mutabile 'Nana' 165
Plumbago auriculata 166
Podocarpus macrophyllus 'Maki' 167
Polyscias filicifolia 168
Polyscias fruticosa 169
Polyscias guilfoylei 170
Ravenala madagascariensis 171
Rosa gallica 174
Rosenbergiodendron formosum 175
Rotheca myricoides 176
Rothmannia longiflora 177
Ruellia chartacea 178

Russelia equisetiformis 179
Sabal minor 476
Salvia leucantha 180
Sanchezia oblonga 181
Sedum praealtum 532
Senna polyphylla 182
Serenoa repens 477
Spiraea cantoniensis 183
Strelitzia alba 184
Strelitzia juncea 444
Strelitzia reginae 445
Strelitzia reginae 'Citrina' 446
Syagrus weddelliana 478
Tillandsia guatemalensis 240
Typhonodorum lindleyanum 455
Urceolina × grandif 456
Viburnum suspensum 186
Washingtonia filifera 479
Yucca gigantea 187
Zamioculcas zamiifolia 459
Zingiber spectabile 462

JARDINEIRAS E CANTEIROS

Adiantum raddianum 256
Aeschynanthus pulcher 257
Agapanthus africanus 258
Ageratum houstonianum 259
Aglaonema commutatum 'Pseudobracteatum' 260
Allamanda cathartica 538

Anthurium andraeanum 62
Anthurium scherzerianum 268
Antigonon leptopus 539
Antirrhinum majus 269
Aphelandra squarrosa 270
Asparagus densiflorus 'Myersii' 272
Asparagus densiflorus 'Sprengeri' 273
Asparagus setaceus 541
Asplenium nidus 274
Aster ageratoides 275
Asystasia gangetica 276
Barleria cristata 66
Begonia × tuberhybrida 509
Begonia cucullata 277
Brachyscome multifida 278
Brachyscome multifida 'Lemon mist' 279
Brassica oleracea 'Acephala' 280
Browallia americana 281
Bulbine frutescens 510
Caladium bicolor 282
Calceolaria × herbeohybrida 283
Callianthe megapotamica 78
Callisia repens 486
Capsicum annuum 'Conoides' 286
Catharanthus roseus 83
Catharanthus roseus var. albus 84
Chaenostoma cordatum 289
Chlorophytum comosum 290

Clerodendrum thomsoniae 544

Coleus scutellarioides 292

Columnea microcalyx 296

Coreopsis lanceolata 297

Cosmos bipinnatus 299

Cuphea gracilis 302

Curio rowleyanus 513

Cyclamen persicum 304

Davallia solida var. *fejeensis* 308

Delairea odorata 548

Dianthus chinensis 309

Dieffenbachia seguine 310

Dracaena trifasciata subsp. *hahnii* 315

Dracaena trifasciata subsp. *trifasciata* 316

Epipremnum pinnatum 317

Episcia cupreata 487

Equisetum giganteum 318

Evolvulus glomeratus 322

Evolvulus pusillus 488

Ficus leprieurii 110

Fittonia albivenis 489

Freesia × *kewensis* 324

Fuchsia × *standishii* 325

Gerbera jamesonii 326

Gibasis pellucida 327

Glechoma hederacea 'Variegata' 329

Goeppertia insignis 331

Goeppertia makoyana 332

Goeppertia picturata 333

Goeppertia roseopicta 334

Goeppertia veitchiana 335

Goeppertia zebrina 336

Goniophlebium persicifolium 338

Gypsophila paniculata 340

Hedera canariensis 550

Hedera helix 551

Helianthus annuus 116

Hemerocallis fulva 374

Heterocentron elegans 375

Hippobroma longiflora 378

Holmskioldia sanguinea 122

Hydrangea macrophylla 123

Hymenocallis caribaea 379

Impatiens hawkeri 381

Impatiens walleriana 382

Ixora chinensis 126

Lantana camara 134

Lilium wallichianum 385

Lonicera japonica 555

Lysimachia congestiflora 490

Nematanthus gregarius 392

Nematanthus wettsteinii 393

Nephrolepis biserrata 394

Nephrolepis cordifolia 395

Nephrolepis exaltata 'Bostoniensis' 396

Nephrolepis exaltata 'Florida ruffle' 397

Oxalis spiralis 491

Parthenocissus tricuspidata 556

Pelargonium × *hybridum* 153

Pelargonium peltatum 400

Pentas lanceolata 401

Peperomia argyraea 402

Peperomia caperata 403

Peperomia caperata 'Rosso' 404

Peperomia obtusifolia 405

Peperomia serpens 406

Pericallis cruenta 407

Petunia × *atkinsiana* 408

Petunia × *atkinsiana* 'Dreams' 409

Petunia integrifolia 410

Philodendron hederaceum 412

Philodendron imbe 413

Philodendron martianum 414

Philodendron mayoi 415

Philodendron melanochrysum 416

Philodendron sagittifolium 418

Philodendron xanadu 157

Phlebodium aureum 419

Phlox paniculata 420

Phymatosorus scolopendria 422

Pilea cadierei 423

Pilea microphylla 424

Pilea nummulariifolia 493

Plectranthus glabratus 427

Plectranthus verticillatus 494

Pleroma gaudichaudianum 163

Plumbago auriculata 166

Portulaca grandiflora 527

Portulaca oleracea 528

Primula × polyantha 428

Primula malacoides 429

Primula obconica 430

Rhipsalis pilocarpa 529

Rosa chinensis 173

Rosa gallica 174

Russelia equisetiformis 179

Scaevola aemula 434

Schlumbergera truncata 530

Scindapsus pictus 435

Sedum morganianum 531

Seemannia sylvatica 436

Selaginella kraussiana 495

Selaginella umbrosa 437

Sinningia speciosa 439

Spathiphyllum cannifolium 440

Spathiphyllum ortgiesii 'Sensation' 441

Spathiphyllum wallisii 442

Strelitzia reginae 445

Strelitzia reginae 'Citrina' 446

Streptocarpus ionanthus 447

Strobilanthes alternata 497

Torenia fournieri 451

Tradescantia pallida 534

Tradescantia spathacea 452

Tradescantia zebrina 535

Tropaeolum majus 453

Turnera subulata 454

Urceolina × grandif 456

Verbena × hybrida 457

Viola × wittrockiana 458

Zamioculcas zamiifolia 459

Zantedeschia aethiopica 460

Zephyranthes candida 461

Zingiber spectabile 462

Zinnia peruviana 463

JARDINS DE PEDRA

Aechmea blanchetiana 190

Aechmea bromeliifolia 191

Aechmea chantinii 192

Aechmea chantinii 'Black' 193

Aechmea correia-araujoi 194

Aechmea fasciata 195

Aechmea fulgens × ramosa 'Festival' 196

Aechmea gamosepala 'Variegata' 197

Aechmea orlandiana 198

Aechmea orlandiana 'Belloi' 199

Aechmea pineliana 200

Aechmea rubens 201

Aechmea smithorum 202

Aechmea vallerandii 203

Aeonium decorum 502

Aloe arborescens 506

Aloe vera 507

Astrophytum ornatum 508

Billbergia hybridus 'Hallelujah' 207

Billbergia pyramidalis 208

Brachyscome multifida 278

Brachyscome multifida 'Lemon mist' 279

Canistropsis billbergioides 209

Canistropsis seidelii 210

Cleistocactus strausii 511

Crassula ovata 512

Cuphea gracilis 302

Echeveria gibbiflora 515

Euphorbia ingens 516

Euphorbia lactea 'Cristata' 517

Euphorbia resinifera 519

Ferocactus latispinus 520

Haworthiopsis attenuata 521

Hohenbergia correia-arauji 224

Kalanchoe blossfeldiana 522

Neoregelia camorimiana 225

Neoregelia carolinae 226

Neoregelia carolinae 'Tricolor' 227

Neoregelia chlorosticta 228

Neoregelia compacta 229

Neoregelia compacta 'Bossa nova' 230

Neoregelia compacta 'Variegata' 231

Neoregelia fosteriana 232

Neoregelia johannis 233

Neoregelia macwilliamsii 'Sheba' 234

Neoregelia marmorata 235

Neoregelia sp. 'Fireball' 236

Neoregelia sp. 'Raphael' 237

Opuntia leucotricha 525

Pachypodium lamerei 526

Rhipsalis pilocarpa 529

Sedum morganianum 531

Sedum praealtum 532

Selenicereus anthonyanus 533

JARDINS VERTICAIS

Acalypha chamaedrifolia 482

Adiantum raddianum 256

Aeschynanthus pulcher 257

Alocasia × *mortfontanensis* 262

Anthurium andraeanum 62

Anthurium scherzerianum 268

Asparagus densiflorus 'Myersii' 272

Asparagus densiflorus 'Sprengeri' 273

Asparagus setaceus 541

Asplenium nidus 274

Callisia repens 486

Chlorophytum comosum 290

Coleus scutellarioides 292

Columnea microcalyx 296

Curio rowleyanus 513

Davallia solida var. *fejeensis* 308

Echeveria gibbiflora 515

Epipremnum pinnatum 317

Fittonia albivenis 489

Gibasis pellucida 327

Glechoma hederacea 'Variegata' 329

Goniophlebium persicifolium 338

Guzmania conifera 216

Guzmania dissitiflora 217

Guzmania lingulata 218

Guzmania lingulata var. 'Minor' 221

Guzmania lingulata × *conifera* 'Torch' 219

Guzmania lingulata var. *lingulata* 220

Guzmania sanguinea 222

Hedera helix 551

Nematanthus gregarius 392

Nematanthus wettsteinii 393

Neoregelia camorimiana 225

Neoregelia carolinae 226

Neoregelia carolinae 'Tricolor' 227

Neoregelia chlorosticta 228

Neoregelia compacta 229

Neoregelia compacta 'Bossa nova' 230

Neoregelia compacta 'Variegata' 231

Neoregelia fosteriana 232

Neoregelia johannis 233

Neoregelia macwilliamsii 'Sheba' 234

Neoregelia marmorata 235

Neoregelia sp. 'Fireball' 236

Neoregelia sp. 'Raphael' 237

Nephrolepis biserrata 394

Nephrolepis cordifolia 395

Nephrolepis exaltata 'Bostoniensis' 396

Nephrolepis exaltata 'Florida ruffle' 397

Ophiopogon jaburan 398

Oxalis spiralis 491

Peperomia argyraea 402

Peperomia caperata 403

Peperomia caperata 'Rosso' 404

Peperomia obtusifolia 405

Peperomia serpens 406

Philodendron martianum 414

Philodendron panduriforme 417

Phlebodium aureum 419

Phymatosorus scolopendria 422

Pilea microphylla 424

Platycerium bifurcatum 426

Rhipsalis pilocarpa 529

Russelia equisetiformis 179

Scaevola aemula 434

Schlumbergera truncata 530

Scindapsus pictus 435

Sedum morganianum 531

Selaginella kraussiana 495

Selaginella umbrosa 437

Syngonium podophyllum 448

Tillandsia guatemalensis 240
Tillandsia usneoides 241
Tradescantia pallida 534
Tradescantia zebrina 535
Vriesea bituminosa 242
Vriesea carinata 243
Vriesea carinata × barilletii 'Mariae' 244
Vriesea ensiformis 245
Vriesea fenestralis 246
Vriesea fosteriana 247
Vriesea fosteriana var. seideliana 248
Vriesea gigantea 249
Vriesea hieroglyphica 250
Vriesea saundersii 251
Vriesea splendens × glutinosa 'Splendide' 252

MACIÇOS

Aechmea blanchetiana 190
Aechmea bromeliifolia 191
Aechmea chantinii 192
Aechmea chantinii 'Black' 193
Aechmea correia-araujoi 194
Aechmea fasciata 195
Aechmea fulgens × ramosa 'Festival' 196
Aechmea gamosepala 'Variegata' 197
Aechmea orlandiana 198
Aechmea orlandiana 'Belloi' 199
Aechmea pineliana 200
Aechmea rubens 201
Aechmea smithorum 202

Aechmea vallerandii 203
Agave angustifolia 504
Agave attenuata 505
Ageratum houstonianum 259
Aglaonema commutatum 'Pseudobracteatum' 260
Allamanda blanchetii 61
Alocasia macrorrhizos 263
Aloe arborescens 506
Aloe vera 507
Ananas comosus 'Bracteatus' 205
Ananas comosus 'Comosus' 206
Antirrhinum majus 269
Aphelandra squarrosa 270
Ardisia crenata 64
Bambusa tuldoides 65
Begonia × tuberhybrida 509
Begonia cucullata 277
Billbergia hybridus 'Hallelujah' 207
Billbergia pyramidalis 208
Brachyscome multifida 278
Brachyscome multifida 'Lemon mist' 279
Brassica oleracea 'Acephala' 280
Browallia americana 281
Buchozia japonica 72
Bulbine frutescens 510
Caladium bicolor 282
Canistropsis billbergioides 209
Canistropsis seidelii 210
Canna × hybrida 284

Catharanthus roseus var. albus 84
Catharanthus roseus 83
Chaenostoma cordatum 289
Chlorophytum comosum 290
Chrysalidocarpus lutescens 468
Chrysanthemum × morifolium 291
Cleistocactus strausii 511
Clerodendrum infortunatum 89
Coleus scutellarioides 292
Colocasia fontanesii 295
Cordyline fruticosa 93
Coreopsis lanceolata 297
Cosmos bipinnatus 299
Costus spiralis 300
Crassula ovata 512
Crossandra nilotica 95
Cryptanthus bivittatus 211
Cryptanthus warren-loosei 212
Cryptanthus zonatus 213
Cryptanthus zonatus 'Fosterianus' 214
Ctenanthe setosa 301
Cuphea gracilis 302
Deuterocohnia meziana 215
Dianthus chinensis 309
Dichorisandra thyrsiflora 514
Dietes bicolor 313
Dietes iridioides 314
Dracaena reflexa 98
Dracaena surculosa var. surculosa 100

Drepanostachyum falcatum 101

Euonymus japonicus 106

Euphorbia ingens 516

Euphorbia milii 518

Euphorbia resinifera 519

Exacum affine 323

Freesia × *kewensis* 324

Globionis segetum 328

Goeppertia makoyana 332

Goeppertia picturata 333

Goeppertia roseopicta 334

Goeppertia veitchiana 335

Goeppertia zebrina 336

Guzmania conifera 216

Guzmania dissitiflora 217

Guzmania lingulata 218

Guzmania lingulata var. 'Minor' 221

Guzmania lingulata × *conifera* 'Torch' 219

Guzmania lingulata var. *lingulata* 220

Guzmania sanguinea 222

Guzmania schezeriana 223

Gypsophila paniculata 340

Helianthus annuus 116

Heliconia angusta 343

Heliconia angusta 'Orange christmas' 344

Heliconia angusta 'Yellow christmas' 345

Heliconia bihai 'Lobster claw' 346

Heliconia bihai 'Yellow dancer' 347

Heliconia caribaea 'Cream' 348

Heliconia collinsiana 349

Heliconia farinosa 350

Heliconia foreroi 'Hot Rio Night' 351

Heliconia hirsuta 352

Heliconia hirsuta 'Burle-marxii' 353

Heliconia hirsuta 'Yellow panama' 354

Heliconia latispatha 355

Heliconia orthotricha 'Candle cane' 356

Heliconia orthotricha 'Eden pink' 357

Heliconia orthotricha 'Edge of nite' 358

Heliconia orthotricha 'Imperial' 359

Heliconia orthotricha 'Lehua' 360

Heliconia orthotricha 'Limon' 361

Heliconia orthotricha 'Macas pink' 362

Heliconia orthotricha 'Oreole Orange' 363

Heliconia psittacorum 364

Heliconia psittacorum 'Fuchsia' 365

Heliconia psittacorum 'Golden opal' 366

Heliconia psittacorum 'Kathy' 367

Heliconia psittacorum 'Strawberries and cream' 368

Heliconia psittacorum 'Suriname sassy' 369

Heliconia rostrata 370

Heliconia spathocircinata 371

Heliconia stricta 372

Heliconia stricta 'Fire bird' 373

Hemerocallis fulva 374

Hohenbergia correia-arauji 224

Hydrangea macrophylla 123

Hymenocallis caribaea 379

Hypoestes phyllostachya 380

Iresine diffusa f. *herbstii* 124

Ixora chinensis 126

Lantana camara 134

Leucanthemum vulgare 384

Licuala spinosa 470

Ligustrum sinense 'Variegata' 136

Lilium wallichianum 385

Lobularia maritima 387

Malvaviscus arboreus 137

Mauranthemum paludosum 390

Monstera deliciosa 138

Mussaenda × *philippica* 'Doña luz' 144

Neoregelia camorimiana 225

Neoregelia carolinae 'Tricolor' 227

Neoregelia compacta 229

Neoregelia compacta 'Bossa nova' 230

Neoregelia compacta 'Variegata' 231

Neoregelia fosteriana 232

Neoregelia johannis 233

Neoregelia macwilliamsii 'Sheba' 234

Neoregelia marmorata 235

609

Neoregelia sp. 'Fireball' 236

Neoregelia sp. 'Raphael' 237

Nephrolepis exaltata 'Florida ruffle' 397

Nidularium innocentii 238

Nidularium rutilans 'Variegata' 239

Ophiopogon jaburan 398

Pachystachys lutea 151

Pachystachys spicata 152

Pelargonium × hybridum 153

Pentas lanceolata 401

Peperomia argyraea 402

Peperomia caperata 403

Peperomia caperata 'Rosso' 404

Petunia × atkinsiana 408

Petunia × atkinsiana 'Dreams' 409

Petunia integrifolia 410

Philodendron bipinnatifidum 154

Philodendron gloriosum 411

Philodendron martianum 414

Philodendron speciosum 155

Philodendron undulatum 156

Philodendron xanadu 157

Phlox paniculata 420

Phoenix roebelenii 473

Phormium tenax 421

Pilea microphylla 424

Pinanga coronata 474

Platycladus orientalis 'Rosedalis' 160

Plectranthus glabratus 427

Plectranthus verticillatus 494

Pleroma heteromallum 164

Polyscias filicifolia 168

Polyscias fruticosa 169

Polyscias guilfoylei 179

Portulaca grandiflora 527

Primula × polyantha 428

Rhapis excelsa 475

Rhododendron simsii 172

Rudbeckia hirta 432

Russelia equisetiformis 179

Sabal minor 476

Salvia splendens 433

Scaevola aemula 434

Senecio flaccidus var. *douglasii* 438

Serenoa repens 477

Sinningia speciosa 439

Spathiphyllum cannifolium 440

Spathiphyllum ortgiesii 'Sensation' 441

Spathiphyllum wallisii 442

Spiraea cantoniensis 183

Tagetes erecta 449

Tagetes erecta 'Patula' 450

Thunbergia erecta 185

Tillandsia guatemalensis 240

Torenia fournieri 451

Tradescantia pallida 534

Tradescantia spathacea 452

Turnera subulata 454

Urceolina × grandif 456

Viburnum suspensum 186

Viola × wittrockiana 458

Vriesea bituminosa 242

Vriesea carinata 243

Vriesea carinata × barilletii 'Mariae' 244

Vriesea ensiformis 245

Vriesea fenestralis 246

Vriesea fosteriana 247

Vriesea fosteriana var. *seideliana* 248

Vriesea gigantea 249

Vriesea hieroglyphica 250

Vriesea saundersii 251

Vriesea splendens × glutinosa 'Splendide' 252

Wittrockia superba 253

Zantedeschia aethiopica 460

Zephyranthes candida 461

Zingiber spectabile 462

Zinnia peruviana 463

PERGOLADOS E TRELIÇAS

Antigonon leptopus 539

Aristolochia gigantea 540

Beaumontia grandiflora 542

Callianthe megapotamica 78

Clerodendrum × speciosum 88

Clerodendrum splendens 543

Clerodendrum thomsoniae 544

Congea tomentosa 546

Cuspidaria convoluta 547

Delairea odorata 548

Hedera helix 551

Holmskioldia sanguinea 122

Ipomoea cairica 552

Ipomoea horsfalliae 553

Ipomoea purpurea 554

Mussaenda erythrophylla 146

Parthenocissus tricuspidata 556

Petrea volubilis 557

Pyrostegia venusta 559

Scindapsus pictus 435

Strongylodon macrobotrys 560

Tetrastigma voinierianum 561

Thunbergia fragrans 562

Thunbergia grandiflora 563

Thunbergia mysorensis 564

Wisteria floribunda 565

VASOS

Adiantum raddianum 256

Aechmea blanchetiana 190

Aechmea bromeliifolia 191

Aechmea chantinii 192

Aechmea chantinii 'Black' 193

Aechmea correia-araujoi 194

Aechmea fasciata 195

Aechmea fulgens × ramosa 'Festival' 196

Aechmea gamosepala 'Variegata' 197

Aechmea orlandiana 198

Aechmea orlandiana 'Belloi' 199

Aechmea pineliana 200

Aechmea rubens 201

Aechmea smithorum 202

Aechmea vallerandii 203

Aeonium decorum 502

Aeschynanthus pulcher 257

Ageratum houstonianum 259

Aglaonema commutatum 'Pseudobracteatum' 260

Alcantarea imperialis 204

Alocasia × mortfontanensis 262

Alocasia macrorrhizos 263

Alternanthera sessilis 'Rubra' 267

Anthurium andraeanum 62

Anthurium plowmanii 63

Anthurium scherzerianum 268

Aphelandra squarrosa 270

Ardisia crenata 64

Argyranthemum frutescens 271

Asparagus densiflorus 'Myersii' 272

Asparagus densiflorus 'Sprengeri' 273

Asparagus setaceus 541

Asplenium nidus 274

Aster ageratoides 275

Astrophytum ornatum 508

Asystasia gangetica 276

Barleria cristata 66

Beaucarnea recurvata 67

Begonia × tuberhybrida 509

Begonia cucullata 277

Billbergia hybridus 'Hallelujah' 207

Billbergia pyramidalis 208

Brachyscome multifida 278

Brachyscome multifida 'Lemon mist' 279

Brassica oleracea 'Acephala' 280

Breynia disticha 70

Bulbine frutescens 510

Buxus sempervirens 73

Caladium bicolor 282

Calceolaria × herbeohybrida 283

Callianthe megapotamica 78

Callisia repens 486

Camellia japonica 81

Canistropsis billbergioides 209

Canistropsis seidelii 210

Capsicum annuum 'Conoides' 286

Carludovica palmata 82

Celosia argentea 287

Centaurea gymnocarpa 288

Chaenostoma cordatum 289

Chamaecyparis lawsoniana 'Albo picta' 85

Chamaecyparis lawsoniana 'Lanei' 86

Chamaecyparis obtusa 'Cripssii' 87

Chlorophytum comosum 290

Chrysalidocarpus lutescens 468

Chrysanthemum × *morifolium* 291

Cleistocactus strausii 511

Clerodendrum splendens 543

Clerodendrum thomsoniae 544

Clusia fluminensis 90

Clusia fluminensis 'Pedra azul' 91

Codiaeum variegatum 92

Colocasia esculenta 293

Colocasia fontanesii 295

Columnea microcalyx 296

Cordyline fruticosa 93

Coreopsis lanceolata 297

Costus spiralis 300

Cotoneaster buxifolius 94

Crassula ovata 512

Cryptanthus bivittatus 211

Cryptanthus warren-loosei 212

Cryptanthus zonatus 213

Cryptanthus zonatus 'Fosterianus' 214

Ctenanthe setosa 301

Cuphea gracilis 302

Curio rowleyanus 513

Cycas revoluta 96

Cyclamen persicum 304

Cyperus papyrus 307

Davallia solida var. *fejeensis* 308

Deuterocohnia meziana 215

Dianthus chinensis 309

Dieffenbachia seguine 310

Dieffenbachia seguine 'Maculatum' 311

Dieffenbachia seguine 'Picta' 312

Dietes bicolor 313

Dracaena fragrans 97

Dracaena reflexa 98

Dracaena reflexa var. *angustifolia* 99

Dracaena surculosa var. *surculosa* 100

Dracaena trifasciata subsp. *hahnii* 315

Dracaena trifasciata subsp. *trifasciata* 316

Echeveria gibbiflora 515

Epipremnum pinnatum 317

Episcia cupreata 487

Equisetum giganteum 318

Euonymus japonicus 106

Euphorbia lactea 'Cristata' 517

Euphorbia milii 518

Euphorbia pulcherrima 107

Euphorbia resinifera 519

Eustoma russellianum 321

Evolvulus glomeratus 322

Evolvulus pusillus 488

Exacum affine 323

Ferocactus latispinus 520

Ficus benjamina 'Variegata' 108

Ficus elastica 109

Ficus leprieurii 110

Ficus lyrata 111

Ficus pumila 549

Fittonia albivenis 489

Freesia × *kewensis* 324

Fuchsia × *standishii* 325

Gerbera jamesonii 326

Gibasis pellucida 327

Glebionis segetum 328

Glechoma hederacea 'Variegata' 329

Goeppertia insignis 331

Goeppertia makoyana 332

Goeppertia picturata 333

Goeppertia roseopicta 334

Goeppertia veitchiana 335

Goeppertia zebrina 336

Gomphrena globosa 337

Goniophlebium persicifolium 338

Grevillea banksii 113

Guzmania conifera 216

Guzmania dissitiflora 217

Guzmania lingulata 218

Guzmania lingulata var. 'Minor' 221

Guzmania lingulata × *conifera* 'Torch' 219

Guzmania lingulata var. *lingulata* 220

Guzmania sanguinea 222

Guzmania schezeriana 223

Gypsophila paniculata 340

Haworthiopsis attenuata 521

Hedera canariensis 550

Hedera helix 551

Helianthus annuus 116

Helichrysum petiolare 342

Heptapleurum actinophyllum 117

Heptapleurum arboricola 118

Hesperocyparis lusitanica 119

Hippeastrum elegans 376

Hippeastrum puniceum 377

Hohenbergia correia-arauji 224

Hydrangea macrophylla 123

Impatiens hawkeri 381

Impatiens walleriana 382

Ixora chinensis 126

Ixora coccinea 127

Juniperus chinensis 'Kaizuka' 131

Kalanchoe blossfeldiana 522

Leea rubra 135

Leucanthemum vulgare 384

Licuala grandis 469

Licuala spinosa 470

Lilium wallichianum 385

Livistona chinensis 472

Lonicera japonica 555

Lysimachia congestiflora 490

Maranta cristata 388

Maranta leuconeura 389

Mauranthemum paludosum 390

Monstera adansonii 391

Monstera deliciosa 138

Nandina domestica 148

Nematanthus gregarius 392

Nematanthus wettsteinii 393

Neoregelia camorimiana 225

Neoregelia carolinae 226

Neoregelia carolinae 'Tricolor' 227

Neoregelia chlorosticta 228

Neoregelia compacta 229

Neoregelia compacta 'Bossa nova' 230

Neoregelia compacta 'Variegata' 231

Neoregelia fosteriana 232

Neoregelia johannis 233

Neoregelia macwilliamsii 'Sheba' 234

Neoregelia marmorata 235

Neoregelia sp. 'Fireball' 236

Neoregelia sp. 'Raphael' 237

Nephrolepis biserrata 394

Nephrolepis cordifolia 395

Nephrolepis exaltata 'Bostoniensis' 396

Nephrolepis exaltata 'Florida ruffle' 397

Nidularium innocentii 238

Nidularium rutilans 'Variegata' 239

Ophiopogon jaburan 398

Opuntia cochenillifera 523

Opuntia ficus-indica 524

Oxalis spiralis 491

Pachypodium lamerei 526

Pelargonium × hybridum 153

Pelargonium peltatum 400

Pentas lanceolata 401

Peperomia argyraea 402

Peperomia caperata 403

Peperomia caperata 'Rosso' 404

Peperomia obtusifolia 405

Peperomia serpens 406

Pericallis cruenta 407

Petunia × atkinsiana 408

Petunia × atkinsiana 'Dreams' 409

Petunia integrifolia 410

Philodendron bipinnatifidum 154

Philodendron gloriosum 411

Philodendron hederaceum 412

Philodendron imbe 413

Philodendron martianum 414

Philodendron mayoi 415

Philodendron melanochrysum 416

Philodendron panduriforme 417

Philodendron sagittifolium 418

Philodendron speciosum 155

Phlebodium aureum 419

Phlox paniculata 420

Phoenix roebelenii 473

Phormium tenax 421

Phyllostachys aurea 158

Phymatosorus scolopendria 422

Pilea cadierei 423

Pilea microphylla 424

Pilea nummulariifolia 493

Pinanga coronata 474

613

Platycerium bifurcatum 426

Platycladus orientalis 'Rosedalis' 160

Plectranthus glabratus 427

Plectranthus verticillatus 494

Plerandra elegantissima 162

Plumbago auriculata 166

Podocarpus macrophyllus 'Maki' 167

Polyscias filicifolia 168

Polyscias fruticosa 169

Polyscias guilfoylei 170

Portulaca grandiflora 527

Portulaca oleracea 528

Primula × polyantha 428

Primula malacoides 429

Primula obconica 430

Rhapis excelsa 475

Rhipsalis pilocarpa 529

Rhododendron simsii 172

Rosa chinensis 173

Rosa gallica 174

Rudbeckia hirta 432

Ruellia chartacea 178

Russelia equisetiformis 179

Sabal minor 476

Salvia leucantha 180

Sanchezia oblonga 181

Scaevola aemula 434

Schlumbergera truncata 530

Scindapsus pictus 435

Sedum morganianum 531

Sedum praealtum 532

Seemannia sylvatica 436

Selaginella umbrosa 437

Selenicereus anthonyanus 533

Sinningia speciosa 439

Spathiphyllum cannifolium 440

Spathiphyllum ortgiesii 'Sensation' 441

Spathiphyllum wallisii 442

Sphagneticola trilobata 443

Streptocarpus ionanthus 447

Strobilanthes alternata 497

Syagrus weddelliana 478

Syngonium podophyllum 448

Tagetes erecta 449

Tagetes erecta 'Patula' 450

Tillandsia guatemalensis 240

Torenia fournieri 451

Tradescantia pallida 534

Tradescantia zebrina 535

Tropaeolum majus 453

Turnera subulata 454

Urceolina × grandif 456

Viola × wittrockiana 458

Vriesea bituminosa 242

Vriesea carinata 243

Vriesea carinata × barilletii 'Mariae' 244

Vriesea ensiformis 245

Vriesea fenestralis 246

Vriesea fosteriana 247

Vriesea fosteriana var. *seideliana* 248

Vriesea gigantea 249

Vriesea hieroglyphica 250

Vriesea saundersii 251

Vriesea splendens × glutinosa 'Splendide' 252

Washingtonia filifera 479

Wittrockia superba 253

Zamioculcas zamiifolia 459

Zantedeschia aethiopica 460

Zephyranthes candida 461

Zingiber spectabile 462

Zinnia peruviana 463

ÍNDICE DE NOMES CIENTÍFICOS

A

Abelia × grandiflora 58

Acalypha chamaedrifolia 482

Acalypha hispida 59

Acalypha wilkesiana 60

Adiantum raddianum 256

Aechmea blanchetiana 190

Aechmea bromeliifolia 191

Aechmea chantinii 192

Aechmea chantinii 'Black' 193

Aechmea correia-araujoi 194

Aechmea fasciata 195

Aechmea fulgens × ramosa 'Festival' 196

Aechmea gamosepala 'Variegata' 197

Aechmea orlandiana 198

Aechmea orlandiana 'Belloi' 199

Aechmea pineliana 200

Aechmea rubens 201

Aechmea smithorum 202

Aechmea vallerandii 203

Aeonium decorum 502

Aeschynanthus pulcher 257

Agapanthus africanus 258

Agave americana 503

Agave angustifolia 504

Agave attenuata 505

Ageratum houstonianum 259

Aglaonema commutatum 'Pseudobracteatum' 260

Ajuga reptans 483

Alcantarea imperialis 204

Alcea rosea 261

Allamanda blanchetii 61

Allamanda cathartica 538

Alocasia × mortfontanensis 262

Alocasia macrorrhizos 263

Aloe arborescens 506

Aloe vera 507

Alpinia purpurata 264

Alpinia purpurata 'Rosea' 265

Alpinia zerumbet 266

Alternanthera sessilis 'Rubra' 267

Ananas comosus 'Bracteatus' 205

Ananas comosus 'Comosus' 206

Anthurium andraeanum 62

Anthurium plowmanii 63

Anthurium scherzerianum 268

Antigonon leptopus 539

Antirrhinum majus 269

Aphelandra squarrosa 270

Arachis repens 484

Ardisia crenata 64

Argyranthemum frutescens 271

Aristolochia gigantea 540

Asparagus densiflorus 'Myersii' 272

Asparagus densiflorus 'Sprengeri' 273

Asparagus setaceus 541

Asplenium nidus 274

Aster ageratoides 275

Astrophytum ornatum 508

Asystasia gangetica 276

Axonopus compressus 485

B

Bambusa tuldoides 65

Barleria cristata 66

Beaucarnea recurvata 67

Beaumontia grandiflora 542

Begonia × tuberhybrida 509

Begonia cucullata 277

Billbergia hybridus 'Hallelujah' 207

Billbergia pyramidalis 208

Bismarckia nobilis 466

Bougainvillea glabra 68

Bougainvillea spectabilis 69

Brachyscome multifida 278

Brachyscome multifida 'Lemon mist' 279

Brassica oleracea 'Acephala' 280

Breynia disticha 70

Browallia americana 281

Brunfelsia uniflora 71

Buchozia japonica 72

Bulbine frutescens 510

Buxus sempervirens 73

C

Caladium bicolor 282

Calceolaria × *herbeohybrida* 283

Calliandra brevipes 74

Calliandra haematocephala var. *haematocephala* 75

Calliandra tweediei 76

Callianthe darwinii 77

Callianthe megapotamica 78

Callianthe striata 79

Callisia repens 486

Callistemon viminalis 80

Camellia japonica 81

Canistropsis billbergioides 209

Canistropsis seidelii 210

Canna × *hybrida* 284

Canna paniculata 285

Capsicum annuum 'Conoides' 286

Carludovica palmata 82

Caryota mitis 467

Catharanthus roseus 83

Catharanthus roseus var. *albus* 84

Celosia argentea 287

Centaurea gymnocarpa 288

Chaenostoma cordatum 289

Chamaecyparis lawsoniana 'Albo picta' 85

Chamaecyparis lawsoniana 'Lanei' 86

Chamaecyparis obtusa 'Cripssii' 87

Chlorophytum comosum 290

Chrysalidocarpus lutescens 468

Chrysanthemum × *morifolium* 291

Cleistocactus strausii 511

Clerodendrum × *speciosum* 88

Clerodendrum infortunatum 89

Clerodendrum splendens 543

Clerodendrum thomsoniae 544

Clusia fluminensis 90

Clusia fluminensis 'Pedra azul' 91

Codiaeum variegatum 92

Coleus scutellarioides 292

Colocasia esculenta 293

Colocasia esculenta var. *illustris* 294

Colocasia fontanesii 295

Columnea microcalyx 296

Combretum fruticosum 545

Congea tomentosa 546

Cordyline fruticosa 93

Coreopsis lanceolata 297

Cortaderia selloana 298

Cosmos bipinnatus 299

Costus spiralis 300

Cotoneaster buxifolius 94

Crassula ovata 512

Crossandra nilotica 95

Cryptanthus bivittatus 211

Cryptanthus warren-loosei 212

Cryptanthus zonatus 213

Cryptanthus zonatus 'Fosterianus' 214

Ctenanthe setosa 301

Cuphea gracilis 302

Curculigo capitulata 303

Curio rowleyanus 513

Cuspidaria convoluta 547

Cycas revoluta 96

Cyclamen persicum 304

Cyperus alternifolius 305

Cyperus haspan 306

Cyperus papirus 307

D

Davallia solida var. *fejeensis* 308

Delairea odorata 548

Deuterocohnia meziana 215

Dianthus chinensis 309

Dichorisandra thyrsiflora 514

Dieffenbachia seguine 310

Dieffenbachia seguine 'Maculatum' 311

Dieffenbachia seguine 'Picta' 312

Dietes bicolor 313

Dietes iridioides 314

Dracaena fragrans 97

Dracaena reflexa 98

Dracaena reflexa var. *angustifolia* 99

Dracaena surculosa var. *surculosa* 100

Dracaena trifasciata subsp. *hahnii* 315

Dracaena trifasciata subsp. *trifasciata* 316

Drepanostachyum falcatum 101

Duranta erecta 102

Duranta erecta 'Gold mound' 103

E

Echeveria gibbiflora 515

Epipremnum pinnatum 317

Episcia cupreata 487

Equisetum giganteum 318

Eranthemum purpurascens 104

Etlingera elatior 319

Etlingera elatior 'Alba' 320

Eugenia sprengelii 105

Euonymus japonicus 106

Euphorbia ingens 516

Euphorbia lactea 'Cristata' 517

Euphorbia milii 518

Euphorbia pulcherrima 107

Euphorbia resinifera 519

Eustoma russellianum 321

Evolvulus glomeratus 322

Evolvulus pusillus 488

Exacum affine 323

F

Ferocactus latispinus 520

Ficus benjamina 'Variegata' 108

Ficus elastica 109

Ficus leprieurii 110

Ficus lyrata 111

Ficus pumila 549

Fittonia albivenis 489

Freesia × *kewensis* 324

Fuchsia × *standishii* 325

G

Gardenia jasminoides 112

Gerbera jamesonii 326

Gibasis pellucida 327

Glebionis segetum 328

Glechoma hederacea 'Variegata' 329

Goeppertia crocata 330

Goeppertia insignis 331

Goeppertia makoyana 332

Goeppertia picturata 333

Goeppertia roseopicta 334

Goeppertia veitchiana 335

Goeppertia zebrina 336

Gomphrena globosa 337

Goniophlebium persicifolium 338

Grevillea banksii 113

Gunnera manicata 339

Guzmania conifera 216

Guzmania dissitiflora 217

Guzmania lingulata 218

Guzmania lingulata × *conifera* 'Torch' 219

Guzmania lingulata var. *lingulata* 220

Guzmania lingulata var. 'Minor' 221

Guzmania sanguinea 222

Guzmania schezeriana 223

Gypsophila paniculata 340

H

Haworthiopsis attenuata 521

Hebe speciosa 114

Hedera canariensis 550

Hedera helix 551

Hedychium coccineum 115

Hedychium coronarium 341

Helianthus annuus 116

Helichrysum petiolare 342

Heliconia angusta 343

Heliconia angusta 'Orange christmas' 344

Heliconia angusta 'Yellow christmas' 345

Heliconia bihai 'Lobster claw' 346

Heliconia bihai 'Yellow dancer' 347

Heliconia caribaea 'Cream' 348

Heliconia collinsiana 349

Heliconia farinosa 350

Heliconia foreroi 'Hot Rio Night' 351

Heliconia hirsuta 352

Heliconia hirsuta 'Burle-marxii' 353

Heliconia hirsuta 'Yellow panama' 354

Heliconia latispatha 355

Heliconia orthotricha 'Candle cane' 356

Heliconia orthotricha 'Eden pink' 357

Heliconia orthotricha 'Edge of nite' 358

Heliconia orthotricha 'Imperial' 359

Heliconia orthotricha 'Lehua' 360

Heliconia orthotricha 'Limon' 361

Heliconia orthotricha 'Macas pink' 362

Heliconia orthotricha 'Oreole Orange' 363

Heliconia psittacorum 364

Heliconia psittacorum 'Fuchsia' 365

Heliconia psittacorum 'Golden opal' 366

Heliconia psittacorum 'Kathy' 367

Heliconia psittacorum 'Strawberries and cream' 368

Heliconia psittacorum 'Suriname sassy' 369

Heliconia rostrata 370

Heliconia spathocircinata 371

Heliconia stricta 372

Heliconia stricta 'Fire bird' 373

Hemerocallis fulva 374

Heptapleurum actinophyllum 117

Heptapleurum arboricola 118

Hesperocyparis lusitanica 119

Hesperocyparis macrocarpa 120

Heterocentron elegans 375

Hibiscus rosa-sinensis 121

Hippeastrum elegans 376

Hippeastrum puniceum 377

Hippobroma longiflora 378

Hohenbergia correia-arauji 224

Holmskioldia sanguinea 122

Hydrangea macrophylla 123

Hymenocallis caribaea 379

Hypoestes phyllostachya 380

I

Impatiens hawkeri 381

Impatiens walleriana 382

Ipomoea cairica 552

Ipomoea horsfalliae 553

Ipomoea purpurea 554

Iresine diffusa f. *herbstii* 124

Ixora casei 125

Ixora chinensis 126

Ixora coccinea 127

Ixora undulata 128

J

Jasminum mesnyi 129

Jasminum multiflorum 130

Juniperus chinensis 'Kaizuka' 131

Justicia brandegeeana 383

Justicia floribunda 132

K

Kalanchoe blossfeldiana 522

Kopsia fruticosa 133

L

Lantana camara 134

Leea rubra 135

Leucanthemum vulgare 384

Licuala grandis 469

Licuala spinosa 470

Ligustrum sinense 'Variegata' 136

Lilium wallichianum 385

Limnocharis flava 386

Livistona australis 471

Livistona chinensis 472

Lobularia maritima 387

Lonicera japonica 555

Lysimachia congestiflora 490

M

Malvaviscus arboreus 137

Maranta cristata 388

Maranta leuconeura 389

Mauranthemum paludosum 390

Monstera adansonii 391

Monstera deliciosa 138

Murraya paniculata 139

Musa acuminata 140

Musa coccinea 141

Musa ornata 142

Musa ornata 'Royal' 143

Mussaenda × philippica 'Doña luz' 144

Mussaenda × philippica 'Queen sirikit' 145

Mussaenda erythrophylla 146

Mussaenda frondosa 147

N

Nandina domestica 148

Nematanthus gregarius 392

Nematanthus wettsteinii 393

Neoregelia camorimiana 225

Neoregelia carolinae 226

Neoregelia carolinae 'Tricolor' 227

Neoregelia chlorosticta 228

Neoregelia compacta 229

Neoregelia compacta 'Bossa nova' 230

Neoregelia compacta 'Variegata' 231

Neoregelia fosteriana 232

Neoregelia johannis 233

Neoregelia macwilliamsii 'Sheba' 234

Neoregelia marmorata 235

Neoregelia sp. 'Fireball' 236

Neoregelia sp. 'Raphael' 237

Nephrolepis biserrata 394

Nephrolepis cordifolia 395

Nephrolepis exaltata 'Bostoniensis' 396

Nephrolepis exaltata 'Florida ruffle' 397

Nerium oleander 149

Nidularium innocentii 238

Nidularium rutilans 'Variegata' 239

O

Odontonema tubaeforme 150

Ophiopogon jaburan 398

Ophiopogon japonicus 399

Opuntia cochenillifera 523

Opuntia ficus-indica 524

Opuntia leucotricha 525

Oxalis spiralis 491

P

Pachypodium lamerei 526

Pachystachys lutea 151

Pachystachys spicata 152

Parthenocissus tricuspidata 556

Paspalum notatum 492

Pelargonium × hybridum 153

Pelargonium peltatum 400

Pentas lanceolata 401

Peperomia argyraea 402

Peperomia caperata 403

Peperomia caperata 'Rosso' 404

Peperomia obtusifolia 405

Peperomia serpens 406

Pericallis cruenta 407

Petrea volubilis 557

Petunia × atkinsiana 408

Petunia × atkinsiana 'Dreams' 409

Petunia integrifolia 410

Philodendron bipinnatifidum 154

Philodendron gloriosum 411

Philodendron hederaceum 412

Philodendron imbe 413

Philodendron martianum 414

Philodendron mayoi 415

Philodendron melanochrysum 416

Philodendron panduriforme 417

Philodendron sagittifolium 418

Philodendron speciosum 155

Philodendron undulatum 156

Philodendron xanadu 157

Phlebodium aureum 419

Phlox paniculata 420

Phoenix roebelenii 473

Phormium tenax 421

Phyllostachys aurea 158

Phyllostachys edulis 159

Phymatosorus scolopendria 422

Pilea cadierei 423

Pilea microphylla 424

Pilea nummulariifolia 493

Pinanga coronata 474

Pistia stratiotes 425

Platycerium bifurcatum 426

Platycladus orientalis 'Rosedalis' 160

Plectranthus glabratus 427

Plectranthus verticillatus 494

Pleioblastus simonii 159

Plerandra elegantissima 162

Pleroma gaudichaudianum 163

Pleroma heteromallum 164

Pleroma mutabile 'Nana' 165

Plumbago auriculata 166

Podocarpus macrophyllus 'Maki' 167

Podranea ricasoliana 558

Polyscias filicifolia 168

Polyscias fruticosa 169

Polyscias guilfoylei 170

Portulaca grandiflora 527

Portulaca oleracea 528

Primula × polyantha 428

Primula malacoides 429

Primula obconica 430

Pyrostegia venusta 559

R

Ravenala madagascariensis 171

Rhaphidophora decursiva 431

Rhapis excelsa 475

Rhipsalis pilocarpa 529

Rhododendron simsii 172

Rosa chinensis 173

Rosa gallica 174

Rosenbergiodendron formosum 175

Rotheca myricoides 176

Rothmannia longiflora 177

Rudbeckia hirta 432

Ruellia chartacea 178

Russelia equisetiformis 179

S

Sabal minor 476

Salvia leucantha 180

Salvia splendens 433

Sanchezia oblonga 181

Scaevola aemula 434

Schlumbergera truncata 530

Scindapsus pictus 435

Sedum morganianum 531

Sedum praealtum 532

Seemannia sylvatica 436

Selaginella kraussiana 495

Selaginella umbrosa 437

Selenicereus anthonyanus 533

Senecio flaccidus var. *douglasii* 438

Senna polyphylla 182

Serenoa repens 477

Sinningia speciosa 439

Spathiphyllum cannifolium 440

Spathiphyllum ortgiesii 'Sensation' 441

Spathiphyllum wallisii 442

Sphagneticola trilobata 443

Spiraea cantoniensis 183

Stenotaphrum secundatum 496

Strelitzia alba 184

Strelitzia juncea 444

Strelitzia reginae 445

Strelitzia reginae 'Citrina' 446

Streptocarpus ionanthus 447

Strobilanthes alternata 497

Strongylodon macrobotrys 560

Syagrus weddelliana 478

Syngonium podophyllum 448

T

Tagetes erecta 449

Tagetes erecta 'Patula' 450

Tetrastigma voinierianum 561

Thunbergia erecta 185

Thunbergia fragrans 562

Thunbergia grandiflora 563

Thunbergia mysorensis 564

Tillandsia guatemalensis 240

Tillandsia usneoides 241

Torenia fournieri 451

Tradescantia pallida 534

Tradescantia spathacea 452

Tradescantia zebrina 535

Tropaeolum majus 453

Turnera subulata 454

Typhonodorum lindleyanum 455

U

Urceolina × *grandif* 456

V

Verbena × *hybrida* 457

Viburnum suspensum 186

Viola × *wittrockiana* 458

Vriesea bituminosa 242

Vriesea carinata 243

Vriesea carinata × *barilletii* 'Mariae' 244

Vriesea ensiformis 245

Vriesea fenestralis 246

Vriesea fosteriana 247

Vriesea fosteriana var. *seideliana* 248

Vriesea gigantea 249

Vriesea hieroglyphica 250

Vriesea saundersii 251

Vriesea splendens × *glutinosa* 'Splendide' 252

W

Washingtonia filifera 479

Wisteria floribunda 565

Wittrockia superba 253

Y

Yucca gigantea 187

Z

Zamioculcas zamiifolia 459

Zantedeschia aethiopica 460

Zephyranthes candida 461

Zingiber spectabile 462

Zinnia peruviana 463

Zoysia japonica 498

Zoysia matrella 499

ÍNDICE DE NOMES POPULARES

A

abacaxi-do-reino 138
abacaxi-ornamental 205
abacaxi-roxo 452
abacaxi-vermelho 205
abélia 58
abélia-da-china 58
abutilon 77, 79
acalifa 60
acalifa-macarrão 59
acalifa-rasteira 482
açucena 376, 377
açucena-laranja 377
aequimea 190, 191, 192, 193, 194, 195, 196, 197, 198, 199, 200, 201, 202, 203
afelandra 270
afelandra-zebra 270
agapanto 258
agave 503, 504
agave-dragão 505
agerato 259
agrado 325
ajuga 483
alamanda 538
alamanda-amarela 538
alamanda-rosa 61
alamanda-roxa 61
albina 454
alegria-dos-jardins 433
alface-d'água 425
alfeneiro-da-china 136
alisso 387
áloe 506
áloe-candelabro 506
alpínia 264, 266
alpínia-rosa 265

alteia 261
alumínio 423
amaranto 337
amaranto-globoso 337
amarílis 376, 377
amendoim-rasteiro 484
amendoinzinho 484
amor-agarradinho 539
amor-entrelaçado 539
amor-perfeito 458
amor-perfeito-de-jardim 458
amor-perfeito-de-verão 451
ananás 206
ananás-de-cerca 205
ananás-ornamental 205
ananás-vermelho 205
antúrio 62
antúrio-concha 63
antúrio-de-flor 62
antúrio-rabinho-de--peixe 268
antúrio-rabinho-de-porco 268
arália 162
arália-cortina 170
arália-elegante 162
arália-samambaia 168
arbusto-borboleta 176
arbusto-de-neve 70
ardísia 64
areca-bambu 468
arrebenta-boi 378
arrebenta-cavalo 378
arroz-de-rato 531
árvore-chinesa-da--vida 160
árvore-da-amizade 512

árvore-da-borracha 109
árvore-da-caixa 73
árvore-da--felicidade 169, 170
árvore-da-felicidade--fêmea 169
árvore-da-felicidade--macho 170
árvore-do-dinheiro 512
árvore-do-viajante 170
árvore-guarda--chuva 117
árvore-jade 512
árvore-polvo 117
asa-de-barata 487
asistásia-branca 276
aspargo 273, 541
aspargo-ornamental 273
aspargo-pendente 273
aspargo-pluma 272
aspargo-plumoso 541
aspargo-rabo-de-gato 272
aspargo-samambaia 541
asplênio 274
asplênio-ninho-de--passarinho 274
ave-do-paraíso 444, 445
ave-do-paraíso-amarela 446
ave-do-paraíso--branca 184
avenca 256
avenca-delta 256
avenca-japonesa 148
avenção 256
azaleia 172
azaleia-belga 172

azedinha-do-brejo 277
azulzinha 322, 563

B

babosa 506, 507
babosa-de-árvore 414
babosa-de-pau 414
babosa-medicinal 507
bacopa 289
bálsamo 532
bálsamo-do-campo 329
bambu-caipira 65
bambu-celeste 148
bambu-comum 65
bambu-de-jardim 101, 158
bambu-do-céu 148
bambu-dourado 158
bambu-metake 161
bambu-mossô 159
bambu-vara-de-pescar 158
bambuza 101
bambuzinho-amarelo 101
bambuzinho-de-jardim 101
banana-d'água 455
banana-de-imbê 154
banana-de-macaco 154
banana-de-morcego 154
banana-do-mato 138
banana-royal 143
bananeira 140
bananeira-do-brejo 350, 370
bananeira-em-flor 142
bananeira-florida 141
bananeira-ornamental 142, 143, 350, 370
bananeira-vermelha 141
bananeirinha 343
bananeirinha-da-índia 284
bananeirinha-de-jardim 284
bandeira-branca 440, 442
barba-de-pau 241
barba-de-serpente 398
barba-de-velho 241
barléria 66
bastão-do-imperador 319, 320
begônia 277
begônia-cerosa 277
begônia-tuberosa 509
beijinho 382
beijo-de-moça 299
beijo-pintado 381
beijo-turco 382
bela-emília 166
beldroega 424, 528
bem-casado 518
beri 284, 285
bico-de-papagaio 107
bilbérgia 207, 208
biri 284, 285
biucarnea 67
boa-noite 83, 84
boca-de-leão 269
bombonaça 82
bom-dia 554
bomôncia 542
borboleta 341
borboleta-azul 176
brilhantina 424
brinco-de-princesa 325
bromélia 190, 191, 194, 195, 196, 197, 198, 199, 200, 201, 202, 203, 207, 208, 209, 210, 211, 212, 213, 214, 215, 216, 217, 218, 219, 220, 221, 222, 223, 224, 225, 226, 227, 228, 229, 230, 231, 232, 233, 234, 235, 236, 237, 238, 239, 242, 243, 244, 245, 246, 247, 248, 249, 250, 251, 252, 253
bromélia-de-ninho 229
bromélia-gigante 204
bromélia-imperial 204
bromélia-sanguínea 222
bromélia-zebra 192, 193
brovália 281
buganvile 68
buganvília 69
bulbine 510
buquê-de-noiva 183
buxinha-de-flor 94
buxinho 73, 94
buxo 73

C

caá-gambá 71
caaponga 528
caatinga 300
cachimbo 439
cacto 508, 517, 520, 523

cacto-candelabro 516

cacto-eufórbia 517

cacto-macarrão 529

cacto-monstro 517

cacto-prateado 511

cacto-sem-espinho 523

cacto-sianinha 533

caetê 350, 370, 372, 388

caetê-pássaro-de-fogo 373

caetê-tocha-dourada 371

café-de-salão-dourado 260

cala-branca 460

caládio 282

calanchoê 522

calancoê 522

calateia 334

calateia-barriga-de--sapo 334

calateia-chama-eterna 330

calateia-de-açafrão 330

calateia-pena-de-pavão 332

calateia-zebra 336

calceolária 283

caliandra-esponjinha 76

camaradinha 457

camarão 383

camarão-amarelo 151

camarão-azul 104

camarão-vermelho 152, 383

cambará-de-cheiro 134

cambará-miúdo 134

cambará-verdadeiro 134

cambarazinho 134

camélia 81

campainha 554

cana-branca 300

cana-da-índia 284, 285

cana-de-macaco 300, 514

cana-tinga 298

canção-da-índia 98

canela-de-velho 463

capela-de-viúva 557

capim-dos-pampas 298

capim-palmeira 303

capitão 463

capuchinha 453

capuchinho 453

carapitaia-branca 461

cardo-de-cochonilha 523

carolina 538

cássia-baiana 182

cássia-dourada 182

cavalinha-gigante 318

ceboleiro 69

cedrinho 119

cedro 110

cedro-de-goa 119

cedro-do-bussaco 119

cega-olho 378

celestina 259

celósia 287

celósia-plumosa 287

centáurea-veludo 288

cerca-viva 119

ceriman 138

chagas 453

chanana 454

chapéu-chinês--vermelho 122

chapéu-de-cardeal 78

chapéu-de-mandarim 122

chapéu-de-panamá 82

chapéu-panamá 82

cheflera 117

cheflera-pequena 118

chifre-de-veado 426

chinelinho-de-madame 283

cica 96

ciclame 304

ciclame-da-pérsia 304

ciclame-de-alepo 304

ciclamen 304

cinerária 407, 438

cinerária-dos-floristas 407

cipó-coral 539

cipó-de-são-joão 559

cipó-mel 539

cipó-rosa 547

cipreste 119

cipreste-de-lawson 85

cipreste-de-portugal 119

cipreste-dourado 87

cipreste-mexicano 119

cipreste-nevado 85

clerodendro 543

clerodendro-africano 176

clerodendro-azul 176

clerodendro-perfumado 89

clerodendro-trepador 544

clorofito 290

clúsia 90
clúsia-da-pedra-azul 91
colar-de-pérola 513
colchão-de-noiva 518
coléus 292
columeia 296
columeia-peixinho 393
coluneia 296
comigo-ninguém-pode 310, 311, 312
confete 380
côngea 546
congeia 546
copo-de-leite 460
cópsia 133
coqueiro-de-vênus 93, 97
coração-de-jesus 282
coração-de-maria 124
coração-magoado 124, 292
coração-roxo 534
coração-sangrento 88
cordiline 93
cordoban 452
coreópsis 297
coroa-de-cristo 518
coroa-de-espinho 518
coromandel 276
corriola 552, 554
cortadeira 298
cósmea 299
cosmos-de-jardim 299
costela-de-adão 138
couve-ornamental 280
crássula 512
cravina 309
cravo-africano 449

cravo-amarelo 449, 450
cravo-de-amor 340
cravo-de-defunto 449, 450
crisântemo 271, 291
crisântemo-da-china 291
crisântemo-do-japão 291
crista-de-galo-plumosa 287
crista-de-peru 60
crista-plumosa 287
crossandra-amarela 95
cróton 92
cróton-brasileirinho 92
cufea 533
cúfea 302
cufeia 302
cuipeúna 165
cupresso 120
cupresso-de-monterey 120
curculigo 303
curuba 413
cuspidária 547

D

dama-da-noite 139
dedal-de-dama 538
dedo-de-moça 531
dentilária 166
dicorisandra 514
diefembáquia 310, 311, 312
dietes 313
dinheiro-em-penca 486, 493

doce-alisso 387
dois-irmãos 518
dracena 97
dracena-bambu 100
dracena-confeti 100
dracena-de-madagascar 99
dracena-malaia 98
dracena-tricolor 99
dracena-vermelha 93
durância 102
duranta 102, 103
duranta-comum 102

E

echevéria 515
echevéria-baby 502
érica 302
erva-de-santa-luzia 425
escova-de-garrafa 80
escova-de-macaco-alaranjada 545
escovinha 545
espada-de-são-jorge 316
espadinha 315
espatifilo 442
espiga-dourada 270
espinafre-da-amazônia 267
espinho-de-santa-rita 69
espirradeira 149
esponja 74
esponjinha 74, 75
esponjinha-sangue 75, 76

esponjinha-vermelha 76
esquizocentro 375
estrela-d'alva 456
estrela-da-anunciação 456
estrela-do-cerrado 175
estrela-do-egito 401
estrela-do-norte 175
estrelízia 445
estrelízia-amarela 446
estrelízia-branca 184
estrelízia-de-lança 444
eufórbia 519
eugênia 105
evólvulo 322
evônimo 106

F

face-sardenta 380
falsa-arália 160
falsa-ave-do-paraíso 343
falsa-érica 302
falsa-latânia 471, 472
falsa-seringueira 109
falsa-vinha 556
falso-algodão 77
falso-cipreste 86
farroupilha 132
fênix 473
fibra-da-nova-zelândia 421
ficus lira 111
figo-da-índia 524
figueira 111
figueira-benjamina 108

figueira-lira 111
figueira-triangular 110
filodendro 155, 417, 418
filodendro-cordato 412
filodendro-glorioso 411
filodendro-imperial 155
filodendro-monstera 391
filodendro-pendente 412
filodendro-veludo 416
filodendro-xanadu 157
flor-ave-do-paraíso 445
flor-batom 257
flor-canhota 434
flor-da-fortuna 522
flor-da-imperatriz 376
flor-da-rainha 445
flor-da-rainha-de-lança 444
flor-da-redenção 319, 320
flor-de-coral 179
flor-de-estudante 450
flor-de-fogo 545
flor-de-maio 530
flor-de-papel 68
flor-de-páscoa 107
flor-de-são-joão 559
flor-de-são-miguel 557
flor-de-seda 530
flor-do-guarujá 454
flor-flamingo 268
flox-de-verão 420
flox-perene 420
folha-da-fonte 413
folha-de-sangue 107

folha-de-seda 70
folha-gorda 424
folha-imperial 92
fórmio 421
frésia 324
frísia 324
fruta-de-jacu 102
fúcsia 325

G

gardênia 112
gebra 326
genciana-do-prado 321
gengibre-azul 514
gengibre-concha 266
gengibre-magnífico 462
gengibre-rosa 265
gengibre-tocha 319, 320
gengibre-vermelho 115, 264
gerânio 153, 400
gerânio-ferradura 153
gerânio-hera 400
gerânio-pendente 400
gerataca 71
gérbera 326
geretataca 71
gipsofila 340
girassol 116
glechoma 329
glicínia 565
glória-da-manhã 554
gloxínia 436, 439
gnafálio 342
gonfrena 337

gota-de-orvalho 488

grama-amendoim 484

grama-batatais 492

grama-coreana 499

grama-de-jardim 496

grama-de-pasto 492

grama-de-santo--agostinho 496

grama-esmeralda 498

grama-forquilha 492

grama-inglesa 496

grama-japonesa 399, 499

grama-mascarenha 499

grama-mato-grosso 492

grama-missioneira 485

gramão 492

grama-preta 399

grama-são-carlos 485

grama-sempre-verde 485

grama-tapete 485

grama-veludo 499

grama-zóizia 498

gravatinha 290

graxa-de-estudante 121

grevílea-alemã 113

grevílea-de-jardim 113

grevílea-escarlate 113

grevílea-vermelha 113

guaiambê-da-folha--ondulada 156

guaimbê 154

guaimbê-sulcado 431

guarda-chuva 339

gunera 339

gusmânia 216, 217, 218, 219, 220, 221, 222, 223

H

helicônia 346, 347, 350, 351, 352, 354, 356, 358, 359, 360, 361, 362, 363, 365, 366, 367, 368, 369, 370, 371, 372, 373

helicônia-amarela 345

helicônia-asa-de-arara 355

helicônia-creme 348

helicônia-laranja 344

helicônia-papagaio 364

helicônia-pêndula 349

helicônia-rosa 357

helicônia-vermelha 343

hemerocale 374

hemerocalis 374

hera 550, 551

hera-alemã 548

hera-da-algéria 550

hera-de-canteiro 329

hera-do-diabo 317

hera-inglesa 551

hera-japonesa 556

hera-roxa 497

hera-sueca 494

herinha 549

hibisco 121

hibisco-colibri 137

hibisco-da-china 121

hidrângea 123

holmskioldia vermelha 122

hortênsia 123

I

icá 478

imbê 154

imbê costela 415

imbê-xanadu 157

inhame-do-talo-roxo 295

inhame-imperial 294

inhame-preto 293

ipomeia 552

ipomeia-rubra 553

iresine 124

iuca-elefante 187

iuca-mansa 187

iuca-sem-espinho 187

ixora 127

ixora-chinesa 126

ixora-coral 127

ixora-rei 125

ixora-rosa 128

ixora-vermelha 126

J

jacuanga 300

jarra-açú 540

jasmim 341

jasmim-amarelo 129

jasmim-azul 164

jasmim-borboleta 341

jasmim-da-china 130

jasmim-da-itália 378

jasmim-do-cabo 112

jasmim-laranja 139

jasmim-neve 130

jasmim-primulino 129

jasmim-vermelho 115
jetirana 552
jiboia 317
jiboia-verde 317
jitirana 552, 554
judeu-errante 535
junquilho 324

K
kaizuka 131

L
lágrima 325
lágrima-de-cristo 544
lágrima-de-moça 341
lágrima-de-noiva 539
lambari 535
lambari-roxo 535
lanterna-chinesa 78, 79
lanterninha-japonesa 78, 79
leia 135
leia-alaranjada 135
licuala 469
licuala-grande 469
ligustrinho 136
ligustro-arbustivo 136
ligustro-chinês 136
língua-de-sogra 316
linho-da-nova-zelândia 421
lírio 374, 385
lírio-aranha 379
lírio-branco 385

lírio-da-paz 440, 442
lírio-da-paz-gigante 441
lírio-de-finados 385
lírio-de-são-josé 374
lírio-de-um-dia 374
lírio-do-amazonas 456
lírio-do-brejo 341
lírio-do-nilo 460
lírio-do-vento 461
lírio-japonês 385
lírio-trombeta 385
lisianto 321
lisimáquia 490
livistona 471
louro-de-baiano 266
louro-variegato 92

M
macarrão 59
madressilva 555
mal-me-quer 443
malva-rosa 261
malvavisco 137
manacá-da-serra 165
manacá-da-serra-anão 165
manacá-de-cheiro 71
mandararé 76
manduruvá 74
manicata 339
manto-de-rei 185
maranta 388
maranta-cascavel 331
maranta-cinza 301
maranta-pavão 332

maranta-pena-de-pavão 335, 389
maranta-prateada 333
maranta-zebra 336
margarida 271, 384
margarida-amarela 432
margarida-da-áfrica 326
margarida-das-pedras 278
margarida-das-pedras-amarela 278
margarida-de-paris 271
margarida-dos-floristas 271
margarida-do-transvaal 326
margarida-olga 384
margaridinha 275, 390
margaridinha-amarela 297
margaridinha-branca 390
margaridinha-flor-de-ervilha 328
marianinha 514
maria-sem-vergonha 382
melindre 541
melindro 541
mil-cores 70
mil-homens 541
mimo-de-vênus 121
miniprímula 429
minirrosa 173
moça-e-velha 463
moisés-no-berço 452
monsenhor 291
monstera 138
monstera-do-amazonas 391

moreia 313, 314

moreia-bicolor 313

mosquitinho 340

mureré 386

murta 105, 139

murta-da-índia 139

murta-de-cheiro 139

musgo-renda 437

musgo-tapete 495

mussaenda-frondosa 147

mussaenda-rosa 144, 145

mussaenda-vermelha 146

mussaenda-vermelha--trepadeira 146

N

nandina 148

nastúrcio 453

neoregélia 225, 226, 227, 228, 229, 230, 231, 232, 233, 234, 235, 236, 237

ninho-de-passarinho 274

nolina 67

nopal 523

O

odontonema 150

ofiopogo 398

oleandro 149

olguinha 390

onze-horas 527, 528

opúntia 524, 525

orelha-de-elefante--gigante 263

orelha-de-onça 162

P

pacová 352, 414

pacova-pequena 353

palma-brava, 525

palma-doce 523

palmeira-areca 468

palmeira-azul 466

palmeira-cariota 467

palmeira-de-bismarck 466

palmeira-de--madagascar 526

palmeira-de-petrópolis 478

palmeira-leque 469

palmeira-leque-da--china 472

palmeira-leque-de--espinho 470

palmeira-rabo-de-peixe 467

palmeira-ráfis 475

palmeira-rápis 475

palmeira-sagu 96

palmeira-umbela 305

palmeira-washingtonia 479

papiro 306, 307

papiro-anão 306

papiro-do-egito 307

papo-de-peru-de--babada 540

papo-de-peru-grande 540

paquipódio 526

pássaro-de-fogo 346, 347

pata-de-elefante 67

pau-d'água 97, 98

paulistinha 290

peixinho 392, 393

pelargônio 400

pelargônio-pendente 400

penacho-branco 298

pentas 401

pente-de-itu 533

peperômia 402, 405, 406

peperômia-filodendro 406

peperômia-marrom 403, 404

peperômia-zebra 402

periquito 267

perpétua 337

petreia 557

petúnia 408, 409

petúnia-comum 408

petúnia-perene 410

picão-da-praia 443

picão-rosa 299

pílea-alumínio 423

pileia 423

pimenta-ornamental 286

pinanga 474

pingo-de-ouro 103

pinheiro-budista 167

pinheiro-de-buda 167

pinheiro-dourado 87

pinheiro-prateado 85

pita 187

pita-azul 503
piteira-azul 503
piteira-do-caribe 504
planta-alumínio 423
planta-artilheira 424
planta-batom 257
planta-camarão 151
planta-mosaico 489
planta-pérola 521
planta-tapete 487
planta-umbela 305
planta-vela 427
planta-zebra 336
plectranto 427
pleomele 98
pluma 298
plumbago 166
podocarpo 167
poinsétia 107
polipódio 338
portulaca 527
potos-acetinado 435
potos-cetim 435
primavera 68, 69
prímula 428, 430
punhal-malaio 262

Q

quaresmeira-arbustiva 163
quaresmeira-rasteira 375
quebra-foice 74

R

rabo-de-burro 531
rabo-de-cavalo 531
rabo-de-gato 59, 482
rabo-de-gato-vermelho 59
rabo-de-lagarto 316
rabo-de-macaco 60
rabo-de-peixe 394
rabo-de-raposa 272
ráfis 475
randia 177
randia-africana 177
randia-maculada 177
repolho-ornamental 280
ripsális 529
romeu-e-julieta 71
rosa 174
rosa-arbustiva 174
rosa-do-japão 123
rosa-miniatura 173
roseira 174
roseira-grandiflora 174
roseira-miniatura 173
roseiro 68
roseta 68
ruélia 178
ruélia-do-amazonas 178
ruélia-vermelha 178
russélia 179

S

sabal-acaule 476
sabal-anão 476

sagu 96
salva-azul 104
sálvia 433
sálvia-bicolor 180
sálvia-branca 180
sálvia-do-méxico 180
samambaia 394, 397
samambaia-americana 396
samambaia-asa-de-
-andorinha 394
samambaia-chifre-de-
-veado 426
samambaia-crespa 397
samambaia-de-boston 396
samambaia-de-metro 338, 395
samambaia-espada 396
samambaia-jamaica 422
samambaia-mandaiana 419
samambaia-pé-de-
-coelho 308
samambaia-renda-
-portuguesa 308
sangue-de-adão 433
sanquésia 181
sansevéria 316
santa-rita 68
sapatinho-de-judia 564
sapatinho-de-vênus 283
selaginela 437
semânia 436
sempre-viva-chinesa 260
serenoa 477
serissa 72
sete-léguas 558

631

show-de-estrelas 401
singônio 448
siníngia 436
sininho 78, 79
sino-amarelo 77
sombrinha-chinesa 305
suspiro 287

T

tagetes 449
tagetes-anão 450
taiá-rio-branco 263
taioba 264
tajá 282
tajaz-de-cobra 413
tamareira-anã 473
tamareira-de-jardim 473
tenante 301
tifonodoro 455
tilândsia-azul 240
tinhorão 282
tinhorão-preto 294
torênia 451
touca-de-viúva 557
tracoá 413
trapoeraba 534
trapoeraba-azul 514
trapoerabão 534
trapoeraba-roxa 534, 535
trepadeira-africana 548
trepadeira-cardeal 553
trepadeira-castanha 561
trepadeira-filipina 560

trepadeira-jade 560
trepadeira-senécio 548
três-marias 68, 69
trevo-amarelo 491
trevo-azedo-amarelo 491
tromba-de-elefante 505
trombeta-branca 542
trombeta-de-arauto 542
tuia 120
tuia-da-china 158
tumbérgia-azul 563
tumbérgia-azul--arbustiva 185
tumbérgia-branca 562
turnera 454

U

unha-de-gato 549

V

vaso-prateado 195
vedélia 443
vela-da-pureza 187
verbena 457
verônica 114
véu-de-noiva 327
viburno 186
viburno-da-flor--pendente 186
vinca 83, 84
vinca-arbustiva 133
vinca-de-gato 83, 84
vinca-de-madagascar 83, 84

violeta 447
violeta-africana 447
violeta-alemã 323
violeta-filipina 66
violeta-persa 323
violeta-vermelha 428, 487
violeteira 102, 103
violeteira-dourada 103
viuvinha 557
vriésia 242, 243, 244, 245, 246, 247, 248, 249, 250, 251, 252

W

wistéria-japonesa 565

X

xanadu 157

Z

zamioculcas 459
zínia 463
zóizia 498
zóizia-silvestre 498

REFERÊNCIAS

BAENSCH, Ulrich; BAENSCH, Ursula. **Bromeliáceas en flor**. Nassau: Tropic Beauty, 1996.

BRANCO, Samuel Murgel. **Solos**: a base da vida terrestre. São Paulo: Editora Senac São Paulo, 1995.

BRICKELL, Christopher. **The Royal Horticultural Society**: New Encyclopedia of Plants and Flowers. London: Dorling Kindersley, 1999.

BRICKELL, Christopher. **The Royal Horticultural Society – Todas las plantas del jardín**. Barcelona: Blume, 1999.

BRICKELL, Christopher. **The American Horticultural Society – Encyclopedia of Gardening**. London: Dorling Kindersley Limited, 1999.

BRICKELL, Christopher. **The American Horticultural Society – A-Z Encyclopedia of Garden Plants**. London: Dorling Kindersley, 2000.

CHING, Francis D. K. **Dicionário visual de arquitetura**. São Paulo: Martins Fontes, 1999.

CORRÊA, Manuel Pio. **Dicionário das plantas úteis do Brasil e das exóticas cultivadas**. 6 vols. Rio de Janeiro: Imprensa Nacional, 1926-1978.

FLORIDA COUNCIL OF BROMELIAD SOCIETIES. **Bromeliad Encyclopedia**. Disponível em: http://www.fcbs.org. Acesso em: 14 ago. 2023.

FOGG, H. G. Withan. **ABC do cultivo das plantas**. Lisboa: Presença, 1993.

GRAF, Alfred Byrd. **Hortica – Color cyclopedia of garden flora and indoor plants**. East Rutherford: Roehrs Company, 1992.

GRAF, Alfred Byrd. **Tropica – Color cyclopedia of exotic plants and trees for warm-regions horticulture – In cool climate the summer garden or sheltered indoors**. East Rutherford: Roehrs Company, 1992.

GREENWOOD, Pipa. **O livro definitivo de dicas & sugestões de jardinagem**. São Paulo: Nobel, 2000.

HOUAISS, Antônio, VILLAR, Mauro de Salles. **Dicionário Houaiss de Língua Portuguesa**. Rio de Janeiro: Objetiva, 2001.

KEW ROYAL BOTANIC GARDENS. **World Checklist of Selected Plant Families**. Disponível em: http://wcsp.science.kew.org/. Acesso em: 14 jan. 2024.

KRESS, W. John; BERRY, Fred. **Heliconia**: An Identification Guide. London: Smithsonian Institution Press, 1991.

LORENZI, Harri. **Palmeiras no Brasil – nativas e exóticas**. Nova Odessa: Instituto Plantarum, 1996.

LORENZI, Harri. **Plantas para jardim no Brasil – herbáceas, arbustivas e trepadeiras**. Nova Odessa: Instituto Plantarum, 2013.

LORENZI, Harri; MELLO FILHO, Luiz Emygdio. **As plantas tropicais de R. Burle Marx**. Nova Odessa: Instituto Plantarum, 2001.

LORENZI, Harri; SOUZA, Hermes Moreira de. **Plantas ornamentais no Brasil – arbustivas, herbáceas e trepadeiras**. Nova Odessa: Instituto Plantarum, 2001.

LUZ, Valdemar Pereira da. **Técnicas agrícolas**. 2 vols. São Paulo: Ática, 1987.

MALAVOLTA, Eurípedes; PIMENTEL-GOMES, Francisco; ALCARDE, José Carlos. **Adubos e adubações**. São Paulo: Nobel, 2000.

MELLO, Francisco A. Ferraz. **Fertilidade do solo**. São Paulo: Nobel, 1989.

NETO, João Francisco. **Manual de horticultura ecológica**: guia de autossuficiência em pequenos espaços. São Paulo: Nobel, 2002.

PARKHURST, Ronald W. **The Book of Bromeliads and Hawaiian Tropical Flowers**. Makawao: Pacific Isle, 1999.

RAUH, Werner. **Bromelien**. Stuttgart: Verlag Eugen Ulmer, 1990.

RORIZ, Aydano. **Edição especial natureza**: enciclopédia 1001 plantas & flores. São Paulo: Europa, 1998.

STESCHENKO, Wolfgang S. **Jardinagem e paisagismo**. São Paulo: Editora Senac São Paulo, 1995.

YARZA, Oscar. **Plantas que curam e plantas que matam**. Curitiba: Hemus, 1995.

ZILLER, Silvia. **Plantas e vertebrados exóticos invasores em unidades de conservação no Brasil**. Florianópolis: Instituto Hórus de Desenvolvimento e Conservação Ambiental, 2013.

ZILLER, Silvia. **Lista comentada de espécies exóticas invasoras no estado de Santa Catarina**: espécies que ameaçam a diversidade biológica. Florianópolis: Fatma, 2016.

AGRADDECIMENTOS

À professora Luciana Monzillo de Oliveira (FAAP e Mackenzie, São Paulo), pela inspiração e pelo incentivo, e à minha família, que muito contribuiu para o desenvolvimento deste trabalho.

SOBRE A AUTORA

A minha mãe me conta que, quando eu tinha uns 2 anos de idade, eu gostava de arrancar as folhas de suas plantas. Ela não podia aparecer em casa com uma planta nova que eu corria para devastá-la. Hoje, não sei dizer se isso era o primórdio do meu lado científico, iniciando as análises botânicas, ou do meu lado artístico, explorando o inusitado. De qualquer forma, a atividade não perdurou por muito tempo, sendo rapidamente substituída pelo desenho e, mais tarde, pela pintura. Mas nunca me distanciei muito das plantas.

Anos depois, quando eu estava na faculdade de arquitetura na FAAP, tive que realizar uma tarefa para o curso de paisagismo. A ideia era fotografar e identificar umas 10 ou 20 plantas na cidade, para depois fazer um tipo de catálogo. Mas eu já tinha relacionado umas 100. Estava fascinada pelas plantas e não conseguia parar de pesquisá-las! Incentivada pela professora, resolvi transformar o trabalho em livro, abordando os aspectos científicos e artísticos em uma linguagem única.

E, com o intuito de trabalhar com o paisagismo integrado à área ambiental, concluí um curso de pós-graduação em gestão ambiental. Posteriormente, realizei um mestrado em arquitetura paisagista na Hochschule für Technik Rapperswil, na Suíça, que complementei com um curso de botânica de campo, longe das plantas tropicais.

O meu interesse pelas plantas e pela natureza de forma geral se diversificou e encontrou, na arte, uma maneira de continuar atuando na área ambiental por meio das imagens. Nesse âmbito, fiz um mestrado em artes e design com especialização em ilustração na Hochschule Luzern Design & Kunst. Em um de meus livros, retrato as belezas dos diversos biomas do mundo por meio da ilustração.

Atualmente, vivo e trabalho em Lucerna, Suíça, como arquiteta paisagista, autora e ilustradora, e as únicas folhas que tenho prazer de arrancar hoje são as de papel.